Anecdotario

Tuerca

Por

Jorge "nene" Ternengo

Texto 2014

ISBN: 978-152-13091-2-4

Saga: "Tuercas". Libro 1

Todos los derechos reservados

Autor.

© Jorge "Nene" Ternengo

Diseño tapa e imágenes.
© Natalia Pogoloti

Formato digital y corrección.
© Rodolfo "Fito" Macagno

Editor:
© 2014 M.A.M. Editorial
© 2014 Miguel A. Morra
© Consultoría Integral
miguel.morra@gmail.com

La dirección adecuada.

Todos los derechos están reservados- Ninguna parte de esta publicación puede ser reproducida, almacenada en sistemas o transmitida en forma alguna, sin el permiso previo del autor, quien es responsable absoluto de la totalidad de términos y contenido conceptual de esta publicación.

All rights reserved. No part of this publication may be reproduced, stored in retneval systems or transmitted in any form or by any means, electronic, mechanical, photocopying : recording or otherwise without the prior permission of the author who takes the absolute responsibility of the concepts

Agradecimientos....

A todos lo que hicieron posible mi vida como piloto de competición, en especial a aquellos que participaron de alguna forma en las peñas que apoyaban a los corredores de esa época.

A Oreste Berta, por haberme dado una oportunidad única en mi vida en la alta competición.

Dedicado....

A mi familia, por haber soportado mis ausencias por esta actividad.

¿Por qué?

El automovilismo como todas las actividades humanas en el intenso trajinar de sus días genera hechos y realizaciones que, enhebradas, constituyen su identidad y con el devenir del tiempo conforman su historia.

Pero detrás de historia oficial, conocida y valorada por los actores sociales, subyacen ocultas pequeñas circunstancias, variados episodios, múltiples anécdotas y que solo quedan registrados en la memoria de quienes han participado en ellas.

El objetivo de este Anecdotario tuerca es justamente rescatar esa memoria colectiva, ese riquísimo acervo que tiene que ver con lo cotidiano, con las emociones, con el intrincado laberinto de las relaciones humanas y que, en definitiva, nos aúna y nos identifica a través del recuerdo a todos los que compartimos el mundo de las carreras como un momento inolvidable de nuestras vidas.

Ojala sirva también para que quienes estén hoy, inmersos o cerca de este fascinante mundo, puedan comparar los ambientes, formatos, grupos humanos y sus relaciones, con las que existían en aquellos momentos.

Taller de Ternengo y Lacertosa. Rafaela. Hoy Club de autos Antiguos. Foto tomada en 1947 con Fangio al volante y luego autografiada para Jorge Ternengo (el pequeño de la imagen) en 1954 en su debut, en la ciudad de Sunchales

Jorge Ternengo con el Chevrolet de su debut con los monopostos

El universo de las carreras de esa época

El universo de las carreras es, en esencia, fascinante, en él la destreza, el coraje, la audacia y la adrenalina se exaltan a niveles muy altos y llevan al piloto a un estado de gozo y placer. Pero ese universo es también, sin dudas, un mundo complejo, con múltiples alternativas cambiantes, con presencia de diversas tensiones, muchas veces en pugna, con un trasfondo de trabajo y de esfuerzo considerables, absolutamente necesarios para poner un auto en pista y, mucho más, para convertido en un coche ganador.

Actualmente, los pilotos, en su mayoría profesionales, están contratados por equipos especializados que se ocupan de la construcción, el armado y el mantenimiento del auto, con un Jefe Técnico que se ocupa de la organización y conducción técnica, como bien su nombre lo indica, al que se suma un Director Deportivo encargado de coordinar las actividades del grupo en pista.

Los corredores son, para decirlo de una manera clara y simple, empleados a cargo de la conducción, por supuesto con un sueldo que está de acuerdo a su categoría, a su experiencia, antecedentes y trayectoria.

Estos equipos muchas veces pertenecen a las marcas líderes en el mercado, por ejemplo Toyota, en otros casos son de particulares. En pocos casos el corredor es dueño de su propio equipo. La mayoría de los pilotos se dedican esencialmente a su preparación física y sicológica y algunos a la búsqueda de publicidad, aunque en este rubro hay profesionales que se dedican especialmente a esto. Actualmente, son muy pocos los corredores que tienen que ver personalmente con las actividades que se realizan para poner un auto en la línea de largada.

Esta es una diferencia importante con respecto a mi época, cuando muchos de los que corríamos hacíamos toda esa batería de actividades, por supuesto, con gente contratada y, en mi caso particular, con la ayuda de amigos generosos que, cuando podían, me daban una mano.

Nunca trabajé directamente en los autos de carrera, salvo en cuestiones de puesta a punto o en la revisación general, pero sí estaban a mi cargo las relaciones con la fábrica, la búsqueda de piezas para el recambio y la dirección de los trabajos que debían realizarse, que llevaban días de trabajo que, invariablemente, se extendían más allá de las ocho horas diarias habituales, ni que decir cuando había roturas importantes o cuando se había producido un accidente, en esos casos se trabajaba todo el día, se seguía a la noche, se dormía por turno unas pocas horas, en realidad se dormía tan poco que la cama se convertía en el objeto más anhelado del mundo y el mate y el café eran compañeros inseparables. Y, aunque parezca increíble, nadie aflojaba y tampoco nadie se quejaba, se trabajaba a full.

Eso lo lograba el amor a las carreras.

Hay que tener en cuenta que el trabajo, en gran medida, era artesanal, no existían ni las herramientas ni las máquinas que hoy hacen más liviana y más ágil la tarea. Además, muchas veces atendíamos el T.C. y el Fórmula 1.

Agradezco haber tenido siempre mecánicos de primer nivel, que le agregaban a su sapiencia ser tipos muy trabajadores, esforzados, voluntariosos, dignos de los mayores elogios, algunos llegaron a ser amigos, como el Flaco Rojas, al que un día Dios decidió llevárselo con él y como Tuchín Pérez, un cordobés, diez puntos, laburador, generoso, buenas personas los dos.

En ese mundo vertiginoso de las carreras, las largas horas y horas de trabajo en el taller para sacarle un poco más de velocidad al motor y una mejor tenida al chasis, regadas por abundante mate y matizadas por un buen asadito, las pruebas de madrugada en la ruta, las alegrías y las amarguras, según se daban las cosas, forman parte del folklore de ese mundo que durante años se constituyó en el centro de mi vida y que disfruté , a pesar del esfuerzo y del sacrificio que significó.

Índice

ANECDOTARIO TUERCA

I

Introducción

Frente a la lectura de este título es probable que a varios les haya surgido la curiosidad por saber quién es este tipo que escribe estas historias, sobre todo si están entre los veinte, los treinta y por qué no, los cuarenta años. Seguramente también se habrán preguntado por qué un anecdotario tuerca. Bueno para no hacerla tan "lunga" (larga), primero les voy a resumir quién soy para, finalmente, contestar a la segunda inquietud.

Me llamo Jorge Juan Ternengo, alias "el nene", nací en la ciudad de Cosquín (Pcia. De Córdoba), hoy Capital Nacional del Folklore, y desde muy chico ya circulaba con una bicicleta por la plaza Próspero Molina. Pero como mis viejos eran de Rafaela, se trasladaron a esta ciudad del oeste de la Provincia de Santa Fe, cuando tenía seis años.

Me crié entre motores y autos de carrera y esto, más allá de la metáfora, es la pura y auténtica verdad, porque mi viejo tenía un taller y además corría en Mecánica Nacional. Es así que, siendo chico, conocí a las glorias de nuestro automovilismo, como Juan Manuel Fangio, que visitaba el taller de mi padre debido a una larga amistad entre ambos y, entre asados y anécdotas, me fui impregnando de ese vicio que son las carreras. Aunque asegurar que la estrecha relación con ese contexto despertó mi pasión por las carreras no es del todo cierto, puede haberla incentivado, pero es indudable que más allá de todo, esa "locura" nació conmigo hasta constituirse en el eje alrededor del cual giró mi vida durante larguísimos años. En 1951, con una pequeña moto de 50 c.c., un Cucciolo, me inicié como corredor y fue tan fuerte el amor por las dos ruedas que competí durante más de diez años, incursionando en casi todas las categorías. Llegué a correr más de seiscientas carreras, incluidas dos por el Campeonato del Mundo, pude lograr trescientos cincuenta triunfos y, por supuesto, varios campeonatos. Fue un período de mi vida muy fructífero, en el que tuve muchas satisfacciones.

El automovilismo surgió en mi vida allá por el año 1964, salté de la moto directamente a la Mecánica Nacional, en esa época no había categorías intermedias. La primera carrera que disputé fue en el circuito de Sunchales (Pcia. de Santa Fe) y me quedó grabada a fuego justamente por ser la primera y porque logré un tercer puesto, que para mí fue como ganar, porque estaban los mejores de la categoría de ese momento. El primer triunfo en la categoría llegó en el año 1965, en Villa Carlos Paz (Pcia. de Córdoba) en una histórica Semana de la Velocidad.

Pero el ingreso al automovilismo mayor de la República Argentina , al legendario Turismo Carretera (TC) , se produjo en el año 1957 cuando convocado por Oreste Berta pasé a integrar la famosa C.G.T. (Copello, Gradassi y Ternengo), equipo oficial de Industrias Káiser Argentina (I.K.A.) , con el incomparable auto argentino: el Torino.

Personalmente, el año 1967, fue una temporada tan exigente como fantástica ya que corrí más de treinta fechas en ruta, en circuitos semipermanentes y en autódromos. Gané la Vuelta de Bahía Blanca (Pcia. De Buenos Aires), mi primer triunfo en la categoría, y la Vuelta de Tres Arroyos (Pcia. de Buenos Aires) pelando de igual a igual con los ídolos del momento.

A partir de ese año, que significó mi inicio y mi afirmación en el T.C., corrí con distintos autos: con el Torino Liebre 1 ½, con el modernísimo Halcón-Ford construido por Heriberto Pronello. Simultáneamente incursioné en la categoría Sport Prototipo con un Berta-Tornado y en Mecánica Argentina Formula 1, categoría que fue mi predilecta porque me apasionaba conducir monopostos *, y en la que participé la mayor cantidad de tiempo con la obtención de muchos triunfos y el Campeonato Argentino de Fórmula Uno.

De ese extenso tiempo de casi treinta y cinco años, en el avasallante mundo de las carreras, atesoro entre muchos momentos algunos que marcaron hitos en mi carrera y que, a nivel personal, permanecen como recuerdos imborrables:

⚜ Los años que corrí con la moto italiana Giro de Italia, en el equipo oficial Alpino, donde fueron tiempos de importantes realizaciones en el plano deportivo y de plenitud en el plano personal. Fui designado por el concesionario de la marca en la ciudad de Rosario, el Sr. Braulio Mortera, quien patrocinaba al equipo y trajo de Italia tres motos, las Giro de Italia de 125 c.c., para competir en la Argentina. Los años que competí con estas máquinas fueron excelentes, estaban diseñadas especialmente para correr, tenían un rendimiento excepcional tanto por la velocidad como por la confiabilidad. Me cansé de ganar carreras no solo en categoría 125 c.c., sino también en la mayor de 150 c.c. Manejarla era un placer, uno de los placeres más grandes que viví en mi carrera deportiva.

⚜ El cuarto puesto obtenido en la categoría 250 c.c. en la fecha del Gran Prix de Motociclismo de la República Argentina, corrido en el Autódromo de la ciudad de Buenos Aires, por el Campeonato del Mundo con una moto Ducatti, preparada por Oreste Berta que recién empezaba a recorrer el camino del éxito y era un aprendiz de mago.

El debut en Mecánica Nacional donde obtuve el tercer puesto, que para mi tuvo sabor a triunfo, ya que nunca había corrido en auto y me sentí cómodo y tranquilo como si lo que estaba haciendo fuera algo habitual para mí.

Mi primer triunfo en la categoría Mecánica Nacional F-1, en un circuito callejero de Vila Carlos Paz, con un monoposto propiedad de la Peña A.R.A. Grupo al que le debo mi iniciación en el automovilismo. Esa tarde sentí que todo el esfuerzo valía la pena.

La pertenencia al equipo de competición I.K.A. en el año 1967 bajo la dirección técnica y deportiva de Oreste Berta. Significó el debut en una categoría tan trascendente como el Turismo de Carretera, con un calendario muy extenso y muchos circuitos ruteros nuevos para mí, con pilotos experimentados y mucho para aprender. Resultó una experiencia enriquecedora a nivel profesional y personal.

Mi primer triunfo en Turismo Carretera, en la Vuelta de Bahía Blanca en el año 1967, por su significado e importancia deportiva y personal. Ese día mi equipo y yo hicimos las cosas muy bien.

El triunfo en la Vuelta de Tres Arroyos, en 1967, porque la pelea por la punta se planteó entre un ídolo del T.C. y yo. Corrimos casi todo el recorrido con una llovizna copiosa y en el barro, a fondo sin aflojar. Cuando terminó la carrera y me bajé del auto me dije a mi mismo: "Nene, hoy manejaste diez puntos. Te pasaste loco ..."

El triunfo en Mecánica Nacional F-1 en el año 1968 con un Trueno, propiedad de Horacio Steven, en una carrera corrida como complemento de una prueba de Sport Prototipo en el autódromo de Buenos Aires. Me subí por primera vez al auto el día anterior a la carrera, el sábado, y sólo pude dar dos vueltas al circuito.

El año 1969 fue un año inolvidable ya que, después de varias victorias en Mecánica Nacional F-1 (San Rafael, Rio Cuarto y Mendoza), triunfé en las míticas Argentinas disputadas en el Autódromo Ciudad de Rafaela. Con un Bravi Tornado propiedad de la Peña R.U.E.D.A. de Rafaela. Para un corredor de monopostos ganar esta carrera significa lograr el triunfo con mayúsculas de la especialidad. Por muchas e importantes razones ganar las 500 Millas fue absolutamente glorioso, ese año también gané el Campeonato Argentino cerrando un año sensacional.

En 1970, en una carrera en el Autódromo Oscar Cabalen de Alta Gracia, estrenaba un Berta F-1 uno de los tantos diseños del Mago que bajo su dirección yo mismo había construido. En la clasificación del día sábado marqué el record absoluto para ese circuito, a milésimas del tiempo de Ronnie Peterson con un Formula 2 Internacional, realizado con un auto nacional. Fue un logro importantísimo para mi, ese auto no solo lo había manejado sino también lo había construido

Las distintas participaciones internacionales en Brasil, Chile, Uruguay y Paraguay. En Brasil intervine en dos oportunidades, primero en el difícil autódromo de San Pablo con un Sport Prototipo con motor Tornado y de compañero de equipo a Jorge Omar del Río. Fue una experiencia muy valiosa por la envergadura de los rivales, varios españoles y nada menos que Emerson Fittipaldi, quien ya era campeón del mundo. Pero la que más recuerdo fue cuando intervine con un prototipo Berta en el autódromo de Tarumá en Porto Alegre, carrera que ganaba frente a los Lolas, traídos de Europa por los pilotos brasileños, pero faltando tres vueltas con la carrera en el bolsillo tuve que abandonar por un problema en los carburadores. Fue un trago agridulce ya que podría haber sido un triunfo trascendente, pero las carreras son así.

🏍 Los triunfos en dos pruebas especiales llamadas del recuerdo. La primera en 1971, en el Autódromo Oscar Cabalén de Alta Gracia, con motos Zanella de 175 c.c. todas iguales y que fueron sorteadas antes de la carrera.

🏍 Participaron los pilotos más destacados de las décadas del 50 y del 60: los hermanos Benedicto y Aldo Caldarella, Osvaldo Salatino, Miguel A. Galuzzi, Armando Vivaqua, Vaifro Meo, Héctor L. Gradassi, etc. La segunda en 1976, un desafío en el óvalo rafaelino, para autos con techo todos iguales, que también fueron sorteados antes de largar y en la que intervinieron todos los pilotos ganadores de 500 Millas, como por ejemplo Fangio, Pairetti, Di Palma, Monguzzi, Requejo, Pla, entre otros. En ambos casos fui ganador y, a pesar de que estas pruebas no tuvieron mucha trascendencia, personalmente fueron triunfos de los que me enorgullezco por la calidad de los adversarios.

En esta apretada síntesis intenté resumir casi treinta y cinco años de mi vida pasados en las carreras de motos y autos, viviendo a mil, y en algunos momentos disfrutando a diez mil, porque hoy puedo decir que las carreras no fueron una parte de mi vida sino que, fueron junto a mis hijos y mis nietos, la razón de ser de mi vida.

Actualmente sigo ligado al deporte motor, aunque de una manera mucho más calma, ya que tengo en Rafaela un programa de radio llamado Compitiendo, el cual se retransmite en varias localidades de la región, y en el que desgrano mi pasión tuerca. Además escribo en el Diario Castellanos de mi ciudad, artículos relacionados con el motociclismo y el automovilismo, fundamentalmente son notas del recuerdo.

Cada tanto despunto el vicio y participo como piloto, por invitación de los propios clubes organizadores, en carreras de regularidad con autos antiguos. Además, recibo regularmente invitaciones para concurrir a eventos deportivos en distintos lugares del país, lo que me permite seguir ligado al mundo del automovilismo.

Ahora si va la respuesta a la inquietud de por qué un anecdotario tuerca y cuál es el objetivo que me guía a escribir estas notas del recuerdo. El automovilismo como todas las actividades humanas en el intenso trajinar de los días, los meses y los años genera hechos, realizaciones que, enhebradas constituyen su identidad y con el devenir del tiempo conforman su historia. Pero detrás de historia oficial, conocida y valorada por los actores sociales, subyacen ocultas pequeñas circunstancias, variados episodios, múltiples anécdotas y que solo quedan registrados en la memoria de quienes han participado en ellas.

El objetivo de este Anecdotario tuerca es justamente rescatar esa memoria colectiva, ese riquísimo acervo que tiene que ver con lo cotidiano, con las emociones, con el intrincado laberinto de las relaciones humanas y que, en definitiva, nos aúna y nos identifica a través del recuerdo a todos los que compartimos el mundo de las carreras como un momento inolvidable de nuestras vidas.

II

El debut en rosario con un cucciolo

El o la Cucciolo fue la moto de 50 c.c. que corrí durante un largo tiempo, era prácticamente una bicicleta con motor y la preparaba Rogelio Vittori, un excelente mecánico Rafaelino que me acompañó en una buena parte de mi campaña en el motociclismo y también en los primeros años en el automovilismo.

Se realizaba en Rosario una carrera de 50 c.c., que en realidad era un homenaje al "tano" Vaifro Meo, quién había batido con una máquina de esa cilindrada el record mundial del kilómetro. Nunca habíamos corrido allí, pero siempre teníamos ganas de ir, por lo que aprovechamos la ocasión, pusimos a punto el Cucciolo y partimos.

El equipo campeón llegó con un camión a todo vapor, las motos eran de avanzada para la época, eran verdaderos vehículos de carrera, además los pilotos tenían equipos de cuero, mientras nosotros corríamos con mamelucos. Tanto en equipamiento como en presentación podríamos hablar del día y la noche. En realidad estaba todo el circo organizado para que Vaifro Meo y su moto se lucieran.

Entre la gente que concurrió a presenciar la competencia había un señor oriundo de Rafaela, que por esos tiempos vivía en Rosario y estaba ligado comercialmente a un patrocinante de Vaifro Meo. Por supuesto, también me conocía a mí y me había visto correr y ganar con el Cucciolo, por lo que no tuvo mejor idea que decirles que había un pibe de Rafaela, que andaba muy fuerte y podía darles un susto.

Creo que los porteños más que nada por curiosidad vinieron a ver la moto, la verdad es que no podían aguantar la risa, directamente le dijeron que dejara de decir estupideces, ni siquiera tenía sentido pensar que podía hacerle carrera a la moto campeona. En realidad, ni nosotros creíamos eso.

Mi moto tenía un cicleur regulable, que yo manejaba para darle la carburación exacta. Bueno , aquí hay dos cosas para explicar: una , que justamente uno de los dedos con el que realizaba la operación me lo había fisurado la noche anterior en una caída que había sufrido en una carrera que había corrido en un pueblo cerca de Rosario, y la otra, era que usaba unos guantes calados. El dedo lo tenía entablillado, pero para correr me saqué todo para poder regular el cicleur.

La cuestión que al largar y cuando empecé a hacer el trabajo, no sé si por el dedo lesionado o porque, la llave del cicleur se trabó en un agujero del guante y no lo podía desprender. Quedé último, lejos del pelotón al cual ni veía y al que Vaifro Meo, que iba en punta, le había sacado como trescientos metros, así que imagínense a qué distancia estaba yo y además manejando con una sola mano.

Hasta que después de mucho tironear el guante zafó del enganche y de a poco, el motorcito empezó a tomar temperatura y comenzó a viajar cada vez más. Lo alcancé al pelotón, los pasé a todos y en pocas vueltas estaba a la rueda del campeón, al que también lo pasé y lo perdí de vista. Pero me faltó el broche final ya que cuando faltaban tres vueltas se rompió el balancín y chau, se terminó todo para mí.

Me acuerdo de dos cosas que pasaron cuando terminó la carrera: una, las caras de todos los porteños del equipo que era una mezcla de asombro y bronca; y la otra, el público que quería ver al Cucciolo y a mí y venían como un malón, la policía no alcanzaba para contenerlos y nosotros no sabíamos que hacer para protegerlo y protegernos.

Se armó un despiole de primera y eso que no gané. La gente estaba enloquecida y desde ese día siempre, que corrí en Rosario, me alentaron con mucho fervor.

III

El equipo oficial Alpino

En la ya mencionada y caracterizada década del 50 la ciudad de Rosario se había convertido, en el epicentro dentro de la provincia de las distribuidoras de las distintas marcas de motos importadas que llegaban al país. Esta situación de auge comercial, sin duda benefició al motociclismo deportivo, por el apoyo que se le dio a la actividad, lógicamente con un objetivo publicitario. Relacionando lo expresado se podrá entender por qué gran parte del control deportivo lo ejercía el Moto Club Rosario, fiscalizador de la mayoría de las carreras en la región.

Aquí creo que llegó el momento de aclarar algo, ya que les va a permitir entender mejor un hecho ocurrido en San Carlos (Pcia. de Santa Fe), que después voy a narrar, y además comprender cierto resentimiento que algunos pilotos rosarinos me tuvieron, incluso después de pasado el tiempo. Cuando el distribuidor de Alpino, el señor Braulio Mortera, decidió armar el equipo oficial de la marca y trajo las Giro de Italia decidió que fuera la gente del Moto Club Rosario quién designara a los pilotos, reservándose solamente la designación de uno que según el mismo, era inamovible y ese era yo. Los dirigentes no vieron con buenos ojos eso porque ellos pensaban que no había ninguna necesidad de traer un corredor de Rafaela, cuando en la ciudad había varios que habían hecho méritos suficientes para ser designados. Los pilotos rosarinos también se quejaron y la verdad era que todos queríamos ser pilotos oficiales, por lo que en ese sentido los entendía, aunque en otros no tanto. Por ejemplo, con el tiempo me enteré que cuando llegaron de Italia las tres motos no me habían avisado, directamente las probaron y dejaron para mí la que supuestamente tenía menor rendimiento. Y digo supuestamente, porque la realidad demostró que no era así, no recuerdo haber visto ni una vez a mis dos compañeros de equipo delante mío en una carrera y eso puede ser en parte mérito propio pero, si la moto no hubiera andado, no hubiera sido posible. Por otra parte también tengo claro que para Mortera constituía un negocio, lo que él quería era que dejara de molestar con el Cucciolo, ya que les hacía carrera a las motos de la marca, incluso de mayor cilindrada y en reiteradas oportunidades les había ganado, es más, me lo dijo, yo entraba al equipo oficial y archivaba la 50 c.c., ni la vendía ni se la daba a correr a nadie, la archivaba. Y así fue la historia.

Este relato puede hacerles pensar que mientras corrí en el equipo se vivía una situación tensa, complicada, pero no, nada que ver, porque los rosarinos eran jodidos, pero no tontos, y como a mí nunca me gustó tener líos, me hice el que no sabía nada y listo.

Pudo haberme ayudado el hecho que en esa época yo tenía tanta confianza en Rogelio Vittori como mecánico y en mí como corredor, que era difícil que algo me perturbara. Tengan en cuenta que era joven y todavía no había aprendido algunas cosas, que solamente con los años se aprenden.

IV

La excepcional "Alpino giro" de Italia

Mis comienzos en el motociclismo, junto a varios rafaelinos, constituyeron una experiencia inolvidable por varias razones. La primera y fundamental era que el que empezaba en este deporte tenía que ser un apasionado, porque las dificultades que se presentaban eran muchísimas, ya que el motociclismo de competición en nuestra zona estaba en sus inicios. No había, como ocurre hoy, diversidad de marcas para elegir, no había elementos especiales para los motores de carrera. Cada piloto, con su mecánico y amigos, se fabricaban las piezas del motor y del chasis y muchas veces éstos no cumplían los requisitos necesarios para soportar una competencia. Pero no había otra alternativa, si uno quería correr la cosa era así.

Esta rápida introducción acerca de cómo era la situación en el motociclismo deportivo de esa época viene a cuento para relatarles mis impresiones sobre una moto que tuve la suerte de conducir en la década del 50, la Alpino Giro de Italia de 125 c.c. Aclaro que Alpino era la marca y como se habrán imaginado procedía de Italia.

Después de correr y ganar muchas carreras durante algunos años con una moto de 50 c.c., preparada en Rafaela por el querido e inolvidable Rogelio Vittori, participamos en varias competencias en Rosario y obtuvimos resultados importantes, ya que llegamos a hacerle carrera e incluso a ganarle a motos de mayor cilindrada. Debido a eso tenía la inquietud de pasar a una categoría mayor, la de 150 c.c. , pero la mano se presentaba complicada.

27

En ese tiempo tuve la suerte de que la empresa distribuidora de Alpino para la provincia de Santa Fe, con sede en Rosario, armara un equipo de competición con tres motos, me ofreciera ser piloto oficial de la marca, seguramente por las actuaciones que había tenido, y trajera para competir modelos 125 c.c., justamente las Giro de Italia. En un principio todos pensamos que iba a ser muy difícil hacerle carrera a las de mayor cilindrada, como por ejemplo las Gilera y las Guzzi, también italianas, pero de 150 c.c. Por suerte nos equivocamos, porque en todos los largos años que permanecí ligado a las competencias nunca llegué a tener otra moto o auto que me diera tantas satisfacciones como esa.

Nunca había vivido anteriormente la experiencia de correr una moto que prácticamente venía preparada de fábrica, no era una moto de calle acondicionada para correr, era una moto de carrera, lo que significaba una diferencia muy importante. Su rendimiento fue excepcional, no solamente por su velocidad sino también por su marcada confiabilidad, ya que no recuerdo haber abandonado alguna carrera por problemas en el motor. En la categoría 125 c.c. ganaba sin esfuerzo, pero lo bueno estaba en la 150 c.c., en la que peleaba la punta y gané la mayoría. No exagero si digo que la historia entre la Giro y yo fue un verdadero romance, porque manejarla resultó uno de los placeres más grandes que viví en mi carrera deportiva.

V

Un recuerdo inolvidable.

De todas las satisfacciones que me dio la Alpino Giro, sin duda la mayor la tuve en una carrera que se realizó en la costanera de Rosario (Pcia. de Santa Fe), que bien podría denominarse internacional porque intervenían, además de los mejores pilotos rosarinos y porteños, destacados corredores uruguayos, chilenos y brasileros.

Por si esto fuera poco, además estaba presenciando la prueba el dueño de la fábrica Alpino, quien había venido de Italia a la Argentina para visitar a los distribuidores de la marca en el país.

La mano era muy brava y como se imaginarán resultó una carrera durísima porque no solamente tuve que luchar contra motos de mayor cilindrada, de primer nivel, sino además contra pilotos experimentados, en algunos casos mucho más que yo. Pero la Giro se portó de diez y yo estaba con todas las luces prendidas, así que pude imponerme. Ganar esa competencia me produjo muchísima satisfacción, fue de tal manera inolvidable que hasta hoy mi memoria registra hasta los mínimos detalles de la carrera.

El italiano no lo podía creer, desbordaba alegría, en medio de la euforia, en una mezcla extraña de italiano y español decía que eso en Italia nunca había pasado. Y efectivamente era así porque en Italia la que estaba al tope, tanto en las ventas como en la parte de competición era Gilera, mientras que la Alpino figuraba en segundo orden. ! Cómo habrá estado de contento que le ordenó al distribuidor que me regalara una moto de calle nueva!

Después de esa carrera, sobre todo en Rosario y la región aledaña, era común que me llamaran con un apodo que hacía referencia, según los creadores del mismo, a mi estilo y habilidad sobre la moto. Me decían el "Mono Ternengo". A mí nunca me cayó muy bien, pero...en estos casos eso es lo de menos

VI

Una situación desagradable

Como lo expresé en la nota anterior, con el tiempo advertí que algunos pilotos rosarinos guardaban cierto resentimiento hacia mí y el relato que haré a continuación así lo demuestra.

Cuando el equipo Alpino ya formaba parte de la historia, ocurrió el episodio que voy a narrar, en una carrera disputada en San Carlos Sur, localidad santafesina que disponía de un trazado súper veloz, lo que traía como consecuencia que allí se produjeran excelentes espectáculos, en los que participaban muchos corredores rosarinos, cordobeses, rafaelinos, santafesinos y bonaerenses. El comisario deportivo para esta prueba era rosarino y lo aclaro porque desempeñó un papel principal en el hecho, para que todo cerrara el fiscalizador era el Moto Club Rosario.

Ese día participé con una Tehuelche de 100 c.c., otra de las motos que utilicé en mi campaña y que se destacaba por su velocidad final. La actividad comenzó con las series de cada categoría, para luego llegar a la final de la categoría 100 c.c., en la que pude imponerme con total comodidad. Faltaba correr la final de 175 c.c., prueba en la que había decidido participar con la misma moto que en 100 c.c., la Tehuelche. Era conciente que daba un hándicap de 75 c.c. por lo que, a primera vista, parecía imposible que pudiera hacerle carrera a las motos de mayor cilindrada. A favor había un elemento técnico muy importante : la Tehuelche era mucho más liviana que las motos de 175 c.c., lo que permitía doblar mucho más rápido y como las curvas tenían un trayecto más largo que una pista normal, podía hacer la diferencia en esos dos sectores y compensar la mayor velocidad de las motos grandes.

Largamos la final y se entabló una pelea en la punta entre un piloto rosarino que conducía una Gilera 175 c.c. y al que conocía de la época del equipo Alpino, Ángel Salanueva y yo. Nos alejamos del pelotón en una lucha muy cerrada, lo emparejaba en las curvas, hasta la mitad de la recta y ahí él me lograba pasar. Esto sucedió invariablemente durante las primeras quince vueltas, hasta que en la salida de una curva las motos se engancharon y fueron juntas casi toda la recta. Cuando se desprendieron nos fuimos afuera y por fortuna yo, con la realización de variados malabarismos, logré salvar la situación y mantener la punta de la carrera. Él también pudo reanudarla, pero perdió un vuelta. Para mí había sido un percance normal de carrera, pero Salanueva no lo entendió así porque cuando le estaba por sacar la vuelta, empezó a zigzaguear para evitar que lo pasara, pero fundamentalmente para molestarme. Me llevó dos vueltas rebasar su marcha. Mientras la competencia continuaba, el rosarino paró en la línea de largada, donde estaba el comisario deportivo y me denunció alegando, según supe después, que yo le pateaba el cambio de su moto y le cambiaba las marchas.

A raíz de eso, llegó lo insólito, porque el comisario deportivo me colocó bandera negra para que me detuviera, orden que no respeté ya que no había cometido ninguna infracción.

Como consecuencia de la resolución del comisario deportivo se generó una batahola descomunal, con piñas incluidas, entre los hinchas de cada uno. Finalmente todo terminó con mi descalificación, lo que significó que me quitaron una carrera que gané dignamente. Pasado un tiempo el comisario rosarino fue remplazado porque la falta de objetividad en sus decisiones y el favoritismo hacia sus conciudadanos eran demasiado evidentes.

Por mi parte, en los primeros momentos me dio bronca, me costó digerir un hecho injusto, pero después lo único que sentí fue pena por un tipo lleno de resentimiento que no tenía claro que las carreras se ganan corriendo, además me halagaba porque si yo era capaz de hacer lo que él decía en la denuncia era un corredor de la gran siete, definitivamente mágico. Mejor que él era, pero mago no fui nunca.

Como se darán cuenta, estas situaciones sucedían antes, pueden suceder ahora y seguirán sucediendo, que gente desubicada existió, existe y existirá.

VII

Mucho ruido y pocas nueces

Durante la década del 50 llegaron a nuestro país una variada cantidad de marcas de motocicletas, la mayoría provenientes de Italia, siendo las más reconocidas Gilera, Guzzi, Alpino, Rumi, Ceccato, Motomont, y otras no tan populares. En un principio llegaban armadas de origen, en momentos en que la única moto nacional era la Puma, equipada con motor Sachs, de 100 c.c. bautizada por la gente Pumita o Sachin. Al tiempo se crearon pequeñas factorías donde se ensamblaban las motos con algunos elementos construidos, hasta llegar en épocas posteriores a la fabricación total en el país.

Yo particularmente estuve ligado a la fábrica Alpino, tanto deportiva como comercialmente. Dentro de la gama de modelos que producían estaban la moto y la motoneta Rumi, las que traían un motor muy original para la época, ya que era un bicilíndrico de solamente 125 c.c., de dos tiempos con los cilindros situados en posición horizontal. La caja de cuatro velocidades estaba sobredimensionada porque la medida de los engranajes era teóricamente para una 250 c.c., lo que ocasionaba, conjuntamente con los dos cilindros, un exceso de peso, que no era lo ideal para competición.

Pero igualmente hubo pilotos que decidieron utilizarla para correr y trabajaron muchísimo en el desarrollo de los cilindros y los escapes que son los puntos clave de un dos tiempos. Nunca pudieron lograr un rendimiento como para disputar la punta, sin embargo lo llamativo era el ruido infernal que producían sus dos escapes tipo troneras, con un régimen de vueltas muy alto.

En momentos previos a una carrera que se realizaba en la ciudad de Santa Fe un muchacho rafaelino, que participaba con una Rumi, estaba en los boxes acelerando el motor en vacío lo que llamaba la atención de todos por el estampido que hacía. Como habrá sido que se le acercó un conocido preparador de la época y le dijo algo así como: "_Pibe, si esta moto llega a andar rápido como el ruido que hace, hoy no te gana nadie".

Lo triste fue que en carrera las Pumitas lo pasaban como si hubiera estado parado, llegando al final último cómodo. Con esta y otras pruebas quedó comprobado, o por lo menos parecía que esos motores no se adaptaban para correr lo que significó que, finalmente, muy pocos lo utilizaran.

VIII

La única alternativa era ganar

Con la Rumi por sobrepasar al primero!

A mediados de la década del 50 yo era piloto oficial de la marca Alpino y corría con la Alpino Giro de 125 c.c., una moto excepcional, diseñada especialmente para competición, con la que gané muchísimas carreras.

En un momento se realizaba una carrera muy importante en la ciudad de Rosario y los distribuidores de la marca en la provincia de Santa Fe me pidieron que por razones publicitarias participara con una Rumi, moto que también producía la fábrica Alpino. Este pedido me cayó muy mal porque consideraba inevitable el papelón, ya que todos los intentos por hacer andar ese motor habían fracasado, tal cual lo cuento en otra nota.

Llegué a Rosario muy desanimado y en una reunión con los directivos de la empresa expuse mi desacuerdo con la decisión que habían tomado. Ellos argumentaron lo que yo ya sabía, que era una necesidad publicitaria y agregaron que la Rumi la traía de Buenos Aires, lista para correr, un técnico italiano, argumento que no me convencía ni me garantizaba que la moto anduviera rápido.

El día sábado tuve el primer contacto con el técnico, después de una larga charla planificamos el trabajo para el domingo, día de la carrera. Cuando ya terminábamos, se puso muy serio y me dijo: " Si tres vueltas antes de terminar la carrera no vas primero, acelera el motor en vacío y rómpelo. La única alternativa es ganar ". Nunca había escuchado algo semejante, pensé que el tipo directamente estaba loco porque con los antecedentes de ese motor, su razonamiento no me parecía nada lógico.

Así dadas las cosas, el domingo llegó la hora de la verdad y aunque me parecía mentira, el motor de la Rumi andaba rapidísimo, en realidad, nunca había manejado una moto de esa cilindrada que fuera tan rápida y por supuesto, gané cómodamente. De esa forma se dio la única alternativa que el "tano" consideraba válida.

A mí me quedó una gran duda, ¿el motor lo había preparado él, o venía directamente de Italia, de la fábrica Alpino? Nunca lo supe, pero, eso sí, después de esa experiencia, fui cauteloso para juzgar el rendimiento de un vehículo de competición sin haberlo probado.

IX

La lluvia me dio una mano

Carrera de motos en el óvalo del Club 9 de Julio, en Rafaela. Fue una noche inolvidable porque tuve la buena fortuna de ganar la final de las dos categorías en las que participaba, 100 c.c. y 175 c.c. Sobre todo en esta última bien puedo decir que la suerte estuvo de mi parte y a continuación voy a explicar el por qué de esta afirmación.

El día anterior a la carrera había llovido y a los organizadores les costó muchísimo secar la pista, que era de tierra, y acondicionarla medianamente. Como ya dije la competencia se disputó en horario nocturno y es sabido que a esa hora la humedad del piso es muy elevada, por lógica consecuencia se puso muy difícil para transitar a ritmo de carrera. Yo corría la categoría de 175 c.c. con la moto de 100 c.c. y esta circunstancia jugó a mi favor debido a que la moto, más liviana y de menor potencia que las de la categoría superior, me permitió girar más rápido en la pista húmeda. Por eso digo que fue la suerte, o si prefieren la lluvia, la que ayudó a ganar.

La final de 175 c.c. la largaba el entonces Gobernador de la provincia de Santa Fe, al Dr. Silvestre Begnis, mientras esperábamos la orden de partida nos pusimos a conversar y en broma le dije que como estaba en inferioridad mecánica, me diera una ayudita y me hiciera una seña con el pie antes de bajar la bandera. Muy serio me contestó que era para todos iguales. Cuando terminó la carrera me vino a felicitar y antes de retirarse, muy sonriente, sus últimas palabras fueron: "¡Vio que usted no necesita de ayuda externa para ganar ¡

Efectivamente, así fue.

X

Una carrera inolvidable

Uno de los mejores momentos por los que atravesó el motociclismo de nuestra zona fue entre las décadas del 60 y del 70, especialmente en lo que se refiere a las carreras disputadas en los óvalos de tierra.

En el Club 9 de Julio, de Rafaela, durante los meses de verano, se realizaban festivales nocturnos para los cuales se trazaba un óvalo en la parte exterior de la cancha de fútbol que contaba con una iluminación excelente. Es el mismo lugar que se utilizó, hasta los últimos años, pero con la pista unos metros más larga.

Fue justamente en una carrera nocturna realizada en ese óvalo cuando por primera vez disputamos con mi hermano Carlos una final, que resultó electrizante y que se definió en la última vuelta. Habíamos corrido muchas veces juntos, pero nunca nos había sucedido tener que luchar por un primer puesto.

La carrera a la cual voy a referirme fue en el verano del 1966, el piso de la pista estaba bastante mal, dado que había llovido unos días antes y no se había podido trabajar lo necesario para dejarla en óptimas condiciones. Dada esta situación tenía claro que era una obligación largar en punta, porque iba a ser casi imposible pasar por afuera.

Carlos corría una moto preparada por él y su amigo Norberto Capella, quien lo ayudaba en todo lo que podía, junto con un grupo de amigos que se arrimaban al taller para charlar, cebar mate u organizar un asadito, tal como era habitual en esa época. Los dos eran muy jóvenes y derrochaban entusiasmo y amor por las carreras; a pesar de tener poca experiencia en la preparación de motores de dos tiempos, después de probar y renegar bastante, pudieron hacer un motor competitivo, esto les dio fuerza y los ilusionó con la posibilidad de ganar alguna carrera de la temporada de verano en el óvalo juliense.

En mi campaña en el motociclismo y en los inicios del automovilismo tuve como mecánico a Rogelio Vittori, un artesano excepcional, de esos que no dejaba ningún detalle librado al azar por más insignificante que fuera, gracias a ese trabajo llevado a cabo por él es que pude tener un promedio de arribos altísimo. Esto hacía que tuviera una confianza ciega en la moto que conducía, la que, además, es justo decirlo, era una de las más rápidas de la categoría. Es indudable que esta conjunción fue la que me permitió lograr tantos triunfos y es importante señalar que esta experiencia me enseñó que, para un piloto que recién se inicia, el factor fundamental, mucho más que la moto misma, es quién se la atiende.

Con Carlos corríamos en la misma categoría, pero no en equipo, cada cual se las arreglaba por su cuenta, así llegamos a la prueba que voy a narrarles. Nos tocó una noche con buen clima, esto influyó para que los motores rindieran a pleno, como normalmente ocurre en esa hora, cuando el aire es más frío.

Después de recorrer el trazado y constatar el mal estado del piso, reafirmé la idea que les referí anteriormente, la única forma de ganar era saliendo en punta, pero por supuesto que no se lo dije a nadie. Esto de no comentar con nadie, ni con el más íntimo, la táctica que se va a utilizar en la competencia, es un cosa que se aprende cuando uno está "carrereado", o sea, cuando ya tiene muchas carreras sobre las espaldas. Llegamos a la final, yo largaba en primera fila del lado de la cuerda, lo que ya constituía una ventaja, y Carlos al lado mío, en esa época se daba la señal de partida con una bandera, no existía el semáforo como en la actualidad. Para el piloto era una ventaja estar en primera fila, del lado de la cuerda, porque veía perfectamente un segundo antes el movimiento del largador. Cuando se dio la señal de partida, en los primeros veinte metros yo estaba en punta, pero Carlos, que había realizado una salida estupenda, se puso a la par y cuando embocamos la primera curva me apretó contra la cuerda y tomó la delantera, en ese momento supe que iba a ser casi imposible pasarlo, me pegué a su rueda trasera y empezamos a girar a un ritmo muy rápido, sacándole amplia ventaja a los que nos seguían. Varias veces aproveché la velocidad de mi moto para ponerme a la par, para inducirlo a que cometiera algún error, pero esto no sucedía. Cuando faltaban unas tres vueltas vi que nos acercábamos a un rezagado y pensé que si lo alcanzábamos antes del final tenía que aprovechar esa situación ; cuando nos marcaron que faltaba una vuelta, el rezagado estaba por entrar en la anteúltima curva, la sur, Carlos se tiró por afuera para dejármelo de tapón y a partir de ahí todo sucedió en un segundo, el rezagado creyó que íbamos por adentro y se corrió unos treinta centímetros para afuera, cuando vi el hueco me tiré por la cuerda y los pasé a los dos, solamente me faltaba una recta y una curva y de esa forma pude ganar.

Carlos lo tomó con filosofía, sabiendo que las carreras terminan cuando bajan la bandera, pero algunos de sus colaboradores no lo entendieron así y me recriminaron haberle ganado a mi hermano. Yo los entendí porque se les había escapado un triunfo que ya consideraban seguro, pero les aclaré que yo pensaba que Carlos tenía que ganar sin que yo tuviera que aflojar, así creía que debía ser. Personalmente no estaba tan contento porque sabía del sacrificio que realizaban para poner esa moto en carrera, pero también sabía que esta experiencia le serviría para entender que de nada vale un triunfo si lo logramos porque alguien, por la razón que sea, nos lo regala. Ganar produce una enorme satisfacción, pero cuando íntimamente sabemos que no lo logramos por mérito personal sino por la buena voluntad de otro, pierde su sentido esencial.

XI

Las carreras se ganan en la pista.

En los primeros años de la década del 60 el motociclismo estaba en pleno auge, normalmente se disputaban tres carreras por mes. En esa etapa viví uno de los momentos más intensos de mi vida como corredor de motos, tal era la actividad que en un domingo participaba en tres categoría diferentes con sus respectivas series y, como si todo eso no fuera suficiente, en las fechas libres casi siempre recibía invitaciones para correr en otras provincias, como por ejemplo en Tucumán, Corrientes, Chaco, etc.

Transcurría el mes de septiembre del 62, cuando fui invitado para competir en un espectáculo nocturno de motociclismo que se realizaba en la ciudad de Colón, en la provincia de Buenos Aires, en cuya programación estaban las categorías 50, 100 y 175 c.c. Habitualmente, cuando me trasladaba a competir a lugares distantes, trataba de llevar dos motos, para asegurarme poder correr en caso de rotura de una de ellas y de esa manera salvar, aunque sea medianamente, el viaje. Es por eso que viajé con una Tehuelche, de 100 c.c., cuatro tiempos, que estaba muy bien preparada, a tal punto que fue una de las motos más veloces que conduje en esa cilindrada y para 175 c.c. llevé una Gilera, propiedad del inolvidable Manlio Romitelli, una moto de excelente performance. Hacia Colón partimos con Manlio, con la casi seguridad que, si todo transitaba por carriles medianamente normales, volvíamos a Rafaela con dos triunfos.

Salimos un viernes por la noche, como si fuera un mal presagio, a poco de salir se desató una tormenta con vientos muy fuertes, que nos obligó a refugiarnos por un largo rato en una estación de servicio. Llegamos a destino el sábado por la mañana y por la tarde pudimos probar sin ningún contratiempo. Después de los ensayos y de poner las motos a punto para el óvalo, estábamos convencidos que de no pasar nada raro podía ganar en las dos categorías.

Llegó la noche y con ella la hora de la verdad, gané la primera serie de 100 c.c. y la de 175 c.c. Todo andaba fenómeno hasta que llegó la final de 100 c.c. y apareció un piloto de Colón, Inchauza, con una Tehuelche más rápida que la mía y me ganó. Fue la primer sorpresa, pero todavía faltaba correr en 175 c.c. y en esa estaba seguro que el triunfo no se podía escapar, porque la moto andaba muy rápido. Pero como no hay primera sin segunda, llegó la otra sorpresa, porque un piloto de Buenos Aires, Juan Carlos Fernández, también con una Gilera, me ganó en buena ley.

El regreso no fue muy alegre, quizás estaba demasiado acostumbrado a ganar y no me hizo nada feliz salir segundo las dos veces. Pero, como todo en la vida, esto también me dejo una enseñanza: las carreras son así, se ganan en la pista, cuando bajan la bandera, lo demás es puro cuento.

XII

Una anécdota muy particular

Año 1967, semana previa a las 500 Millas Argentinas, que como es conocido por todos los seguidores del automovilismo se corrían en el Autódromo Ciudad de Rafaela y que, por sus características especiales, era una carrera en la que a todos los pilotos les gustaba participar, corrieran o no habitualmente en monopostos. Se imaginan lo que significaba para mí poder participar en ella, y aunque no era el primer año en que participaba, en mis actuaciones anteriores diversos problemas me habían impedido hacer una buena competencia.

Estas consideraciones, además dé aclaratorias, sirven como introducción para que todos entiendan el principal cuidado con que se armaba y se controlaba el auto para las 500 Millas, ya que además de la extrema exigencia a que era sometido, se agregaba que se corría en mi ciudad, donde la mayoría de la gente me alentaba permanentemente, o sea que se unían a las razones técnicas otras de índole emocional, que tenían su peso.

El auto, un monoposto de Mecánica Nacional, con motor delantero, contaba con un propulsor Tornado, que estaba montado sobre un chasis Maserati. Por todo lo dicho anteriormente el impulsor estaba armado a cero y teníamos que asentarlo girando en el óvalo, ya que no disponíamos de un banco de pruebas para realizar esa operación, había que hacerlo en el trazado sí o sí. El viernes, cuando hacíamos el trabajo, empezó una falla en el motor; que suponíamos estaba en los carburadores Weber. Lo que ocurrió fue que la solución del problema nos llevó prácticamente todo el día y, en consecuencia, no pudimos terminar de asentar el motor, cosa que indefectiblemente debíamos hacer esa noche porque el sábado se clasificaba y ya no se podía probar. Había que pensar como iluminar el circuito para poder girar porque el monoposto no está preparado para circular sin luz natural: como en situaciones límites se aguza el ingenio se nos ocurrió un sistema no muy ortodoxo pero muy efectivo: colocarle al auto un reflector en el lado derecho que iluminaba el camino, cosa que efectivamente hicimos durante parte de la noche y nos permitió lograr el objetivo deseado: solucionar el problema y asentar el motor.

Ahora voy a relatarles un hecho relacionado con lo ocurrido en esa noche del año 1967 pero que sucedió treinta años después, en 1997, en ocasión de realizarse la competencia de Turismo Carretera en nuestra ciudad. Estaba caminando por los boxes, cuando una persona me paró y me preguntó si yo era el Ternengo que había corrido las 500 Millas de 1967. Me asombró, no que me preguntara por mi identidad sino lo de la participación en la carrera, no me daba cuenta del por qué. Bueno, de todas maneras, sin entender, le contesté que sí que era yo y esperé que me hiciera alguna pregunta relacionada con la competencia, pero, ante mi sorpresa, con cara de pocos amigos, me insultó, en realidad, me reputeó. La verdad, cada vez entendía menos, así que me quedé tranquilo y le pregunté por qué me insultaba. Esta fue su contestación:"_Mire, le voy a contar lo que me pasó para esa carrera. Llegamos a Rafaela el viernes anterior, aproximadamente a las veinte y eran tantas las ganas de conocer el famoso óvalo, que antes de ir al hotel, vinimos al autódromo. Dejamos el auto en la entrada principal y caminando nos dirigimos a boxes por el portón que está a la izquierda de la tribuna. Cuando doy el primer paso sobre la cinta asfáltica del trazado, me pasó a centímetros un auto de carrera, que andaba a toda velocidad. Me afeitó. Quedé petrificado por el susto. No escuché el ruido del escape, no sé, habrá sido por el viento, no sé y nunca me imaginé que estuviera circulando un auto de carrera por la noche. Sabe que pensé, que había nacido de nuevo, si llego a dar otro paso me atropellaba y ahí sí que me juntaban en la curva y con cucharita".

Esa respuesta me permitió entender lo del insulto, lo había tenido atravesado treinta años, como para que no lo dijera con ganas. Lo que hice fue contarle la historia de esa noche. ¿Como terminó? Abrazados y riéndonos. Después de treinta años me había hecho acordar de una anécdota especial. De una de las tantas que viví en el automovilismo y que ponen de manifiesto la pasión con la que encarábamos la actividad.

XIII

Un piloto muy particular

Ustedes saben que en todos los deportes siempre surgen personajes que se diferencian del resto, muchas veces por su habilidad fuera de lo normal o porque son un desastre, porque son muy simpáticos o, al contrario, porque son muy amargos. El asunto es que por eso especial llaman la atención de todos los que están involucrados en la práctica del deporte, ya sean participantes o seguidores.

El deporte motor no escapa a esta regla. Para reafirmarlo es bueno que les recuerde las palabras del mítico Enzo Ferrari, cuando en su biografía, al hablar de los pilotos expresa : "Los pilotos, i qué gente ! Y se trata nada menos que del Comendatore, que algo del tema sabía, ¿no les parece?

Voy directo a lo que les quiero contar. Cuando incursionaba en la Mecánica Argentina F1, apareció un corredor, más específicamente un personaje, con actitudes un tanto extrañas, por lo menos con respecto a las costumbres habituales del ambiente. Su presentación en sociedad ocurrió en el autódromo de Balcarce (Pcia. de Buenos Aires), pero la anécdota no es sobre su actuación deportiva, sino sobre la forma de actuar del piloto y todo su equipo. Llegaron el viernes anterior a la carrera, lo primero que hicieron fue tomar un box para guardar el auto y todos los elementos que habitualmente transporta un equipo a un autódromo, en este caso fueron fundamentalmente los referidos al tema alimentación, los acomodaron y en esos trámites se hizo la hora de hacer el asado. Bajaron lo necesario para realizarlo, incluida la carne, que estaba colgada de un clavo y a la que colocaron sobre el alerón trasero del F1, empezaron a salaria y a acondicionarla para ponerla sobre la parrilla.... No les puedo contar el ataque de risa que nos dio a todos. La pregunta que corría era de dónde había salido este tipo.

Así fue su presentación en la categoría pero a lo largo del campeonato, protagonizó otras situaciones particulares, ya referidas concretamente a su actividad como piloto.

XIV

El personaje hace de las suyas

Recuerdo una carrera realizada en el autódromo Martín de Guemes, de la ciudad de Salta. El personaje en cuestión estaba calentando el motor de su auto en una calle ubicada detrás de boxes, cuando se le ocurrió salir a pista. Tenía que pasar por un portón bastante angosto, cuando empezó a cruzarlo pasaron las ruedas delanteras, pero cuando llegaron las traseras, que eran mucho más anchas, enganchó una en el parante del portón y dejó parte del tren trasero contra el mismo.... un desastre de aquellos. Llegó corriendo el padre, que era uno de sus mecánicos, y cuando vio el estado en que había quedado el coche, se puso furioso. Con gestos no muy santos! Vociferaba : "SOS un animal, SOS un h... de p...., me rompí todo para dejar el auto hecho una pinturita y vos me haces esto...". La respuesta que le dio, con toda tranquilidad, es digna de ser leída con atención : "Papi, que quieres que haga, no ves que el portón es muy angosto, si el camión de Di Palma tampoco puede pasar". El bendito portón era el paso obligado para todos los pilotos que salían de boxes a la pista, y con el cual nadie tenía problemas.

XV

Otra del personaje

Esta otra también la viví personalmente. Estaba en el bar de boxes, en el autódromo de San Juan, tomando una gaseosa con uno de los mejores periodistas que tuvo el automovilismo a nivel nacional, el inolvidable Miguel Angel Merlo, que en ese momento escribía para el diario La Razón. Dialogábamos sobre las posibilidades que yo podía tener en esa carrera, cuando de repente me preguntó con su solemnidad habitual : "Dígame, ¿ quién es ese piloto nuevo?. Y lo señaló porque justamente estaba en el bar, a unos diez metros, parado de perfil. Le di su nombre y apellido, lo observó con detenimiento, se detuvo con atención en su voluminoso abdomen y reflexiona con su agudeza e ironía habitual : "La estructura física de este piloto no es la más adecuada para manejar un auto de Fórmula 1". Me causó risa, pero lo cierto es que no estaba para nada equivocado.

Formas de actuar aparte, fue un tipo querido dentro de la categoría porque era una buena persona, pero que quieren que les diga, no era para correr un F1, en realidad creo que no estaba preparado para correr en ninguna categoría, no tenía claras un montón de cosas fundamentales que tienen que ver con la actividad, porque, por ejemplo, el alerón de un F1 cumple determinadas funciones, pero sí hay una para la que seguramente no está destinado es la de ser tabla para salar carne. Cuando nos reunimos los que compartimos esa época, siempre lo recordamos por las anécdotas un poco extravagantes o por lo menos, inusuales, que protagonizó.

XVI

Un estreno desafortunado

El 5 de octubre de 1969, un mes después de correrse las 500 Millas, se disputó la sexta fecha del Campeonato Argentino de Mecánica Nacional Fórmula 1 en el autódromo de Rafaela, en el circuito N° 2, de 2.687 metros, conocido habitualmente como circuito chico. En ese año, al que siempre califiqué como excelente en mi trayectoria deportiva, no todas fueron rosas, también hubo algunas espinas y una de ellas se dio en la carrera señalada en el comienzo del párrafo.

Después de haber ganado las 500 Millas el Bravi Tornado pasó a los talleres del constructor Heriberto Pronello, en la ciudad de Villa María (Pcia. de Córdoba), para ser convertido en una auténtica cuña, con motor F100. Esta reforma fue idea del mismo Pronello, constructor de las Liebres Tornado, quien me habló del proyecto de realizar una carrocería de avanzada, confeccionada en fibra de vidrio, inspirada en los autos con forma de cuña que se utilizaban en Indianápolis, diseño que era más aerodinámico que el que en ese momento tenía el Bravi. Por supuesto, inmediatamente le transmití la inquietud a la gente de la Peña Rueda, propietaria del auto, quienes aceptaron la propuesta y le entregaron el auto a Pronello, para que realizara la reforma. Además, se remplazó el motor Tornado por un Ford F100 V8, preparado directamente por la fábrica.

El debut se produjo justamente en la carrera de Rafaela, disputada en el circuito chico. La largada se ubicó en la mitad de la recta corta del lado sur que, según mi opinión, estaba muy cerca de la primera curva. Yo largaba del lado externo y cuando estaba llegando a la primera curva, a la derecha, tuve un roce con otro monoposto. El mío se fue al pasto y en ese momento sucedió un accidente, bastante insólito por cierto. Detrás de mí se salió del asfalto Sanmartino, un conocido piloto mendocino, que conducía un monoposto con motor delantero, me embistió y su auto se trepó sobre el mío, subiéndose hasta más adelante del habitáculo, lugar donde yo, por supuesto, estaba sentado.

En ese momento no entendía qué había pasado y lo único que recuerdo es que me comprimió de tal forma en la butaca, que no podía mover ni siquiera los brazos para llegar a la llave de la bomba eléctrica de nafta, con el fin de anularla para evitar la posibilidad de que se produjera un incendio. Llegaron los bomberos, los banderilleros y hasta el propio Sanmartino, fueron minutos interminables hasta que entre todos me pudieron retirar el auto, que estaba apoyado sobre el costado del chasis y mi cabeza, protegida por el casco. No me hice ni siquiera un rasguño y al auto le reparamos algunas roturas de la carrocería y pude participar en la segunda serie.

Hoy, sin miedo a equivocarme, puedo decir que fue un milagro, porque tener un auto sobre la cabeza que pesaba aproximadamente 1000 kilos y que no me pase absolutamente nada, es sólo eso, un milagro.

XVII

Un record para el recuerdo

La década de 70 fue un período muy bueno para el automovilismo argentino, todas las categorías funcionaban a pleno pero había tres que se destacaban del resto: Turismo Carretera, Sport Prototipo y Mecánica Nacional F1. Eran las que más público llevaban tanto a las rutas como a los autódromos.

La mayoría de los pilotos tratábamos de participar en las tres o por lo menos, lo intentábamos, porque no era simple ni fácil, dada la complejidad que significaba tener que atender tres autos completamente diferentes y además hacerlos funcionar como para estar en el pelotón de punta. Mi corazón siempre estuvo con los monopostos, por lo que mí preferida era la F1 y justamente en el año 1970 tenía que lucir el número uno, por haber sido Campeón en el año 1969. Mi ilusión era tener un buen auto como para defender el título y nada mejor que adquirir un Berta-Tornado de última generación. Se presentaba un solo inconveniente, había que tener aproximadamente unos cincuenta mil dólares y yo nos los tenía.

Creo que fueron las ganas y el entusiasmo que tenía por las carreras y especialmente la pasión por esta categoría lo que me llevó a pedirle a Oreste Berta si me dejaba fabricar el F1 en su establecimiento, por supuesto copiando uno de los que él había diseñado.

Me asombré cuando me autorizó, porque creí que me iba a sacar "rajando". De todas maneras era un emprendimiento difícil de realizar, sin ayuda, todo a pulmón. Si lo analizaba mucho desistía, pero tenía tantas ganas que le di para adelante casi sin pensarlo. Con bastante sacrificio logré terminarlo y realizar todos los ensayos en el Cabalén.

Desde que el auto tuvo el primer contacto con la pista me di cuenta que había nacido bien y que podía andar muy rápido, cosa que comprobé cuando llegó la semana de la carrera, que se realizaba en el autódromo cercano a Alta Gracia (Pcia.de Córdoba)

El día jueves empezaron los ensayos oficiales con todos los autos de la categoría y con varios Berta F1 que debutaban. Realicé muy buenos registros y creo que Oreste, un poco por eso y otra porque se apiadó al ver que solamente éramos dos personas trabajando en el auto, me ofreció dos mecánicos de su establecimiento para que colaboraran con nosotros, lo que indudablemente me vino muy bien para terminar todos los detalles que faltaban debido a la falta de personal y de tiempo.

Lo mejor llegó el sábado en la clasificación, cuando todos los pilotos empezaron a tirar con todo lo que tenían para lograr el mejor tiempo. Faltando unos treinta minutos para terminar la sesión de clasificación estaba primero con más de un segundo de ventaja sobre el resto, fue en ese momento cuando Berta se arrimó a mi box y me dijo que no saliera más a girar porque creía que los pilotos no iban a poder bajar ese tiempo. Me preguntó si me quedaba algún resto. "-Me queda un solo lugar donde podría andar más rápido, pero arriesgando bastante", le respondí. Entonces, sin dudar, me dijo que no saliera.

En el box estaba mi hermano Carlos, que insistía para que saliera e intentara bajar el tiempo, argumentando "que los récords quedan grabados para siempre". Entonces Berta, en una muestra de sentido común, le manifestó : ¿ Vos estás loco ?, tiene un solo motor y mañana la carrera es muy larga. Además ya tiene la pole, ¿ para qué arriesgar inútilmente?

Finalmente seguí el consejo de Oreste, porque creí que era el más acertado.

Fue un sábado inolvidable, ya que con un auto construido con mucho sacrificio y con una enorme dosis de amor, había logrado hacer la pole y el récord del circuito, por milésimas no igualé el tiempo realizado por Ronnie Peterson en una Temporada Internacional con un Fórmula Dos. ¡Que más podía pedir!

Hoy, después del tiempo transcurrido, lo que sí puedo decir con absoluta seguridad es que de esa clasificación no me voy olvidar jamás, porque fue, sin duda, uno de los momentos más felices de mi carrera deportiva.

XVIII

Al mejor cazador se le escapa la liebre

Lo que voy a contar ocurrió antes y durante la Vuelta de Oncativo, provincia de Córdoba, en la carrera del campeonato de Turismo Carretera del año 1967, época en la que integraba el equipo de competición de la fábrica I.K.A. (Industrias Káiser Argentina).

En la semana previa a la carrera, el equipo de competición, con Oreste Berta a la cabeza, desarmó íntegramente los motores de los tres autos oficiales para controlar y repasar lo que fuera necesario. Es necesario aclarar que los motores habían terminado la competencia anterior muy bien, con una excelente velocidad y que la revisación completa era un trabajo de rutina. El hecho es que cuando Berta controló las tapas de cilindro encontró las guías de válvulas con un desgaste enorme, por lo que de inmediato ordenó la reparación de ese elemento.

Después de dejar los motores a cero kilómetro y colocarlos en los autos, los probamos perfectamente en el trazado de la carrera, en Oncativo, unos días antes de la competencia. Una vez asentados, empezamos a realizar las clásicas "tiradas" en los caminos donde había menos tráfico, porque las rutas estaban abiertas a la circulación normal. En la primera prueba noté que al auto le faltaba bastante velocidad, pero pensé que no lo habían puesto bien a punto, entonces fui hasta donde estaba instalado el equipo y los mecánicos controlaron todo: punto de encendido, punto del árbol de levas y todos los aspectos que pudieran influir en la velocidad final, porque teóricamente tenía que andar más rápido.

Hice una segunda prueba y todo seguía igual. En un impasse hablé con mis compañeros de equipo, Copello y Gradassi, y me comentaron que a ellos les pasaba lo mismo. Anoticiado Berta de la situación, que se repetía en los tres coches, resolvió volver inmediatamente a la fábrica, ordenó sacar los motores y los probó en el banco de pruebas de la fábrica. Trabajó día y noche porque estábamos a horas de la carrera, pero lo curioso fue que no pudo encontrar el problema después de controlar todo minuciosamente.

En definitiva, largamos la prueba con los mismos motores, con la expectativa de poder llegar para sacar puntos para el campeonato. La carrera resultó muy dura y difícil porque debido a la falta de velocidad anduve al límite en muchas partes, pero al final pude quedarme con el cuarto puesto, mientras que a mis compañeros les fue peor, porque tuvieron que abandonar por diferentes problemas. Para el equipo fue un día negro, difícil de digerir, ya que casi siempre se obtenían muy buenos resultados.

Pero lo cierto es que con trabajo y con el talento de Berta el problema se superó, para la carrera siguiente el Mago encontró lo que estaba mal y los autos volvieron a andar como antes. Este episodio bien se puede utilizar como un ejemplo para graficar el dicho que dice "... al mejor cazador se le escapa la liebre...".

XIX

La F1 mecánica nacional en un circuito callejero.

Sucedió en Las Rosas, localidad de la provincia de Santa Fe, un 26 de septiembre de 1971, cuando la Mecánica Nacional F1 inauguró un circuito callejero, diseñado utilizando caminos de un parque emplazado en la ciudad, que empalmaba con parte del recorrido de una ruta provincial. El trazado en su totalidad abarcaba solamente 2. 720 metros y tenía todos los ingredientes necesarios para ser inapropiado: el tipo de asfalto con las deficiencias propias por el uso continuo de cualquier tipo de vehículo, la escasa extensión y el diseño.

El inventor o creador, como le guste más llamarlo, de esta carrera fue Uber Macari, alma mater de la Mecánica Nacional de ese momento y principal referente en lo que atañe a la organización de esta competencia y al diseño de este callejero, el primero y el último con estas características que utilizó la categoría a lo largo de su trayectoria. En este momento es imposible no reconocer que fue, si no una locura, por lo menos una imprudencia transitar en ese trazado con autos de tanta potencia, no solamente por sus medidas, sino también y, fundamentalmente, por su diseño.

Todos estos ingredientes tan particulares indudablemente deben haber motivado al público, que concurrió masivamente a presenciar el espectáculo y es bueno decir que no salieron defraudados, ya que vivieron con toda intensidad la que seguramente se recordará como unas de las competencias más dramáticas en la historia de la categoría. Si alguien se hubiera propuesto idear o imaginar con anterioridad lo que en definitiva resultó la carrera, aunque hubiera puesto en juego toda su capacidad imaginativa, no creo que hubiera conseguido acercarse a lo que realmente ocurrió La final, que en definitiva es la que en realidad interesa desde el punto de vista de la espectacularidad, estuvo cargada de un dramatismo que llegó a superar lo que la cordura puede permitir imaginar para una carrera de autos de fórmula, que en la recta del autódromo de Rafaela orillaban los 300 km/h.

La competencia estaba diagramada de la manera habitual: tres series por suma de tiempos. Pero como desde los entrenamientos se sufrieron inconvenientes por las deficiencias del piso, en el cual abundaban los pozos y había gran cantidad de tierra y piedritas sueltas, se resolvió modificar el programa original por uno de dos series y una final de veinte vueltas. Esta problemática, que en la clasificación del sábado se complicó, el domingo se agravó, porque durante las series se fueron despegando pedazos de asfalto, que se habían utilizado para reparar y unir distintas partes de las calles y, ¿qué puede haber pasado con esos trozos? Sí, pasó lo que está pensando, a medida que se fueron rompiendo, con el paso de los autos, volaban por el aire como verdaderos proyectiles. Vaya sumando, asfalto en malas condiciones, pozos, piedras y tierra, agréguele el tránsito, a ritmo de carrera, de autos de alrededor de 750 kg de peso, con una potencia de 350 H/P y saque sus propias conclusiones. Para dar una idea de lo que fue el desarrollo de la final basta decir que en solamente veinte vueltas de recorrido la punta tuvo cinco dueños diferentes, cada uno de los cuales la ganó peleando, sin especulaciones; es evidente que su corto perímetro, junto a todo lo demás, tuvo una influencia decisiva, porque igualó las posibilidades al emparejar en parte las diferencias mecánicas.

Las dos series fueron muy disputadas y con diversas alternativas cambiantes que entusiasmaron al público, el que palpitaba una final con muchas circunstancias especiales. La primera se la llevó Carlos Ragno, con un Rico-Chevrolet y la segunda el ídolo local, Víctor Hugo Plá, con Steven-Chevrolet. Personalmente tuve un inconveniente bastante grave al fisurarse la tapa de cilindros de mi Berta-Tornado, lo que me relegó al séptimo puesto, después de haber peleado la punta con Plá.

Así dadas las cosas, el público esperaba con ansias el último " show" de la F1 en este particular circuito y no salió defraudado, ya que hubo emoción a raudales desde que el comisario deportivo, Eros Borgogno, dio la señal de partida hasta que la bandera a cuadros señaló el final de la competencia.

Fue verdaderamente una carrera insólita, sucedieron instancias inverosímiles, todas las carrocerías quedaron con marcas por los impactos recibidos y los cascos tampoco se salvaron. El estado del circuito, la necesidad de esquivar pozos que con el transcurso de las vueltas se profundizaron, el polvo y la tierra, que dificultaba la visión, más las piedras que volaban por el aire, crearon tal estado de confusión que ninguno de los pilotos sabía muy bien cómo se estaba desarrollando la competencia e, incluso, qué puesto disputaba. Fue tan increíble que cuando entré al parque cerrado, al finalizar la prueba, mientras me sacaba el casco le pregunté a la gente de mi equipo quién había ganado y, absolutamente asombrado, recibí la información de que el ganador era yo. En realidad yo pensaba que el triunfador había sido Plá, así que se imaginan que la sorpresa fue total. Pasado el momento de los abrazos y las felicitaciones, de la alegría normal y lógica que siempre acompaña estos momentos, me enteré que los pilotos que me habían precedido se despistaron debido a las malas condiciones del piso o sufrieron problemas mecánicos y que de esa forma heredé la punta. Lo insólito fue que ni siquiera me enteré debido a la confusión reinante, lo dramático fue ver el estado en que quedó el auto, parecía más el sobreviviente de una contienda que el ganador de una competencia y lo innegable, que además hace a esta carrera inolvidable, es que en Las Rosas se vivió un verdadero show de la Mecánica Nacional F1.

XX

Una aventura paraguaya.

Entre los años 70 y 74, tiempo de esplendor para la Mecánica Nacional Fórmula 1, la categoría fue invitada a presentar su espectáculo en países limítrofes, como Paraguay, Uruguay y Chile, y este hecho anecdótico ocurrió cuando la Fórmula 1 se presentó en Paraguay.

La mayoría de los equipos habíamos acordado viajar juntos, con el fin de cruzar todos reunidos las fronteras argentina y paraguaya. Vale recordar que en ese tiempo se utilizaban camionetas para remolcar los tráiler que llevaban los autos, ya que todavía no había llegado la sofisticación actual, donde son transportados por imponentes camiones – talleres.

Volviendo al relato, sucedió que, reunidos en la entrada de la aduana argentina, llegó el momento de pasarla y entonces, aparecieron algunos problemas con la documentación de los autos, los repuestos y las herramientas de todos los equipos. Después de largas conversaciones con los gendarmes y por la buena voluntad puesta de manifiesto, se logró finalmente el objetivo, se traspuso la frontera, pero faltaba otro escollo: la frontera paraguaya. Allí también se realizaron las mismas tratativas, se habló mucho, se les explicó que estábamos invitados por el gobierno paraguayo para correr en su país, que los monopostos no tenían que ser patentados en la Argentina, que los cajones transportados en las camionetas contenían repuestos y herramientas para los autos de carrera, cosas ciertas que podían ser comprobadas, pero sin embargo no se pudo llegar a un acuerdo. Por ello, la caravana quedó anclada en la aduana, hasta que resolvieran la forma de solucionar el problema.

Finalmente, las autoridades aduaneras nos pidieron una autorización del Cónsul argentino en Paraguay, pero escrita, por lo tanto no podía ser telefónica. Un turista argentino que iba a Asunción se acercó para saludarnos y ante la situación, se ofreció a llevarme para que pudiera obtener el permiso. Encontrarlo al Cónsul en Asunción no fue fácil, pero bastante rápido logré el objetivo. Con mucha alegría por haber conseguido la autorización, sin perder un minuto, emprendí el regreso a la aduana para que los equipos pasaran, ya que al otro día teníamos la clasificación.

Pero cuando había recorrido la mitad del trayecto, ocurrió algo que, por lo inesperado, me provocó una sorpresa mayúscula: camino a Asunción venía la caravana de camionetas y tráiler, por un lado pensé que mi gestión había sido inútil, pero por otra parte me preguntaba cómo se había solucionado el problema para que ocurriera esto.

Pasó que a algunos mecánicos se les ocurrió organizar un asado mientras esperaban, por supuesto, dentro de ese grupo estaba el inefable Beto Rigoni, que fue el encargado de invitar a los gendarmes paraguayos a comer. Obviamente el asado se acompañaba con un tinto bastante bueno y entrador y ya sabemos cómo son esas sobremesas, cuando se empiezan a contar anécdotas de carreras, situaciones risueñas, etc. ... y ahí fue donde engancharon a los paraguayos, copa va, copa viene, a la hora eran todos compiches, casi hermanos. Entonces, Beto con su banda de colaboradores tomaron las oficinas de la Aduana por su cuenta y se pusieron a confeccionar los permisos, con los sellos necesarios para que estuvieran absolutamente legales, mientras los gendarmes, bajo el efecto del alcohol sólo atinaban a decirles: "Muchachos, no hagan ninguna macana, dejen todo bien acomodado ". Rigoni y compañía pegaron los permisos en los parabrisas de las camionetas y partieron rumbo a Asunción.

Hasta que pisamos nuevamente suelo argentino, pasando, por supuesto, por otra aduana paraguaya, no estuvimos tranquilos. Es más, por un tiempo pensé que si este hecho se descubría íbamos todos en cana.

XXI

El 60 nos dio una gran alegría.

Escribir esta anécdota me significó vencer un cierto pudor por mi estrecha relación afectiva con el personaje principal, hasta que me decidí y aquí está el relato de un momento feliz en la trayectoria automovilística de Jorge F. Ternengo, mi padre, fallecido hace ya unos cuantos años.

Mecánico de profesión, durante el día atendía su taller y por las noches se dedicaba a la preparación del auto, ayudado por algunos colaboradores desinteresados, a los cuales simplemente los guiaba el amor por las carreras. Eran otras épocas, en las que vivir resultaba mucho menos complicado que hoy y, entonces, era posible dedicar tiempo a lo que a uno le gustaba, aunque no hubiera ninguna recompensa material de por medio. Mi padre sintió verdadera pasión por competir, solamente así se explica que le destinara tanto esfuerzo y tantas horas, quitándoselas al descanso. Tuvo una política particular con respecto a los gastos que demandaba la actividad, gastaba solamente lo que sobraba, primero estaba la familia, de esa manera su auto no era de los más veloces ni de los más modernos, pero tenía, como consecuencia de un armado prolijo y dentro de los límites prudentes que aseguraban resistencia, una confiabilidad destacada, en realidad, no se paraba nunca. Cuando ya cargaba varias decenas de años sobre las espaldas, repetía que cuando el auto se rompiera dejaba de correr y así fue. Una tarde, en la serie, el motor sacó una biela a refrescarse. Cargó el auto, se volvió a Rafaela, lo guardó en el taller y nunca más volvió a competir.

Desde muy chico lo acompañé a las carreras, por lo que puedo decir con bastante conocimiento que sus habilidades conductivas eran excelentes, simplemente le faltó un medio mecánico de punta, pero dentro de las posibilidades del auto se destacaba por su manejo. Siempre sentí orgullo por muchas de las maniobras que le vi realizar, por su manera aguerrida de conducir. Sin dudas, era un tipo talentoso al volante de un auto de carrera.

Corría el año 1957, el 21 de abril, en el clásico circuito del Parque Urquiza de Paraná (Pcia. de Entre Ríos), el Club de Volantes Entrerrianos organizó una prueba de Mecánica Nacional con puntaje para el Campeonato Argentino. Como era habitual se corrió una competencia sobre veinte vueltas para coches de Fuerza Limitada, otra con el mismo recorrido para Fuerza Libre y una carrera final, con igual cantidad de vueltas, en la cual participaron las dos especialidades en forma conjunta.

En la Fuerza Limitada triunfó H. Enrico, con un Plymouth y tuvo un meritorio desempeño otro rafaelino, Héctor Abate Daga, que arribó cuarto lo mejor del espectáculo se vio en la segunda competencia, dedicada a Fuerza Libre, en que protagonizaron una lucha encarnizada que se definió prácticamente sobre la línea de llegada entre el volante local Héctor Niemiz y Ramón Requejo. La punta pasó de Luis Niemiz a Juan Zampa, quien como resultado de un trompo dejó el puesto de vanguardia en manos de Héctor Niemiz seguido por Requejo. Ambos lucharon palmo a palmo cada metro del circuito hasta que la bandera a cuadros consagró ganador a Niemiz, alentado fervientemente por sus coterráneos. Mi padre arribó en sexto lugar como consecuencia de un toque con el nicoleño Ramallo que lo retrasó considerablemente.

Una lógica expectativa rodeó a la prueba final, ya que se aguardaba una nueva confrontación entre quienes habían sido animadores de las anteriores, pero anticipadamente desertó Héctor Niemiz, por serios desperfectos en su coche. Al largar tomó decididamente la punta Zampa, seguido por Requejo, quien en la novena vuelta ya comandaba el lote; en la décima Zampa debió abandonar por embestir un cordón mientras que en el décimo tercer circuito Requejo rompió el puente trasero y quedó fuera de competencia. Mi padre, que venía en el segundo lugar tomó la vanguardia, a la que no abandonó hasta la bandera a cuadros y así ganó la carrera con el Chevrolet N* 60.

Para él significó una enorme alegría, primero porque nadie puede evitar sentir gozo ante el triunfo y segundo, porque el trazado del Parque Urquiza, que por su especial diseño resultaba sumamente complicado, tenía para él un atractivo especial, seguramente porque le permitía desplegar toda su destreza como volante. Rememorar esta carrera me llena de orgullo por todo el esfuerzo que mi viejo siempre hizo para correr y por la pasión con que lo hacía. Solamente quiero

agregar que esta anécdota pretende ser simplemente un recuerdo. A la distancia para alguien a quien quiero entrañablemente y a quien respeto profundamente como corredor y como persona.

XXII

Ganar siempre es emocionante.

El 27 de octubre de 1968 el Parque de la Fórmula 1 Nacional se presentó en San Rafael (Pcia. de Mendoza), para inaugurar el autódromo " Las Paredes ", uno de los tantos que construyeron en el país en la década del 60.

Cuando los integrantes de la Asociación Sanrafaelina de Automovilismo anunciaron la inauguración de este nuevo escenario, todos celebraron este esfuerzo, principalmente la gente de los monoplazas que experimentaba el déficit de pistas asfaltadas, ya que con el remplazo de los viejos Road Ster, de motor delantero, por los modernos monopostos con motor en popa, encontraban dificultades para correr en los circuitos de tierra.

Recuerdo que en esta competencia   conducía un monoposto con motor en popa , que pertenecía a la Peña Rueda de Rafaela. Empezamos a girar en el nuevo trazado el viernes 25 y este ensayo resultó bastante particular, porque el piso del circuito estaba todavía cubierto por la arena que habían utilizado para realizar la capa asfáltica. Cuando salí a girar con las gomas "slik" era imposible manejar el auto, ya que patinaba de manera exagerada y no se podía andar rápido en ninguna parte del circuito. Esta situación con los autos, le sucedía, por supuesto, a todos los pilotos, por nuestra parte nos reunimos en boxes con la gente de la Peña para encontrar una solución que nos permitiera girar algunas vueltas, para conocer, aunque sea someramente, el nuevo trazado. Las ganas, unidas a la necesidad de girar fue lo que nos llevó a tomar una decisión muy poco ortodoxa: remplazamos las ruedas anchas con las gomas especiales de competición por un juego de ruedas de un Torino de calle calzado con gomas normales.

Cuando los integrantes de los otros equipos nos vieron salir con estas ruedas, directamente pensaron que nos habíamos vuelto locos, pero la gran sorpresa para todos, incluidos nosotros, fue que así se podía girar mucho más rápido que con las "slik".

Como con los autos la magia y la casualidad no cuentan, conviene explicar que esto tenía una justificación lógica, al estar el piso con mucha arena, la goma angosta y con dibujo se comportaba mejor que el neumático liso.

La gente de los otros equipos, la misma que un rato antes pensaba que habíamos perdido las "chavetas", al ver que esta prueba daba resultado trataron de imitarnos, pero no les resultó tan fácil conseguir llantas y gomas como las que habíamos colocado nosotros, ya que en el circuito no había este tipo de neumáticos. En nuestro caso pudimos hacerlo porque contábamos con un Torino de calle de Rafaela, que nos acompañaba.

El día sábado, para la prueba de clasificación, el piso del circuito estaba mucho más limpio, por lo que pudimos volver a las ruedas de carrera. El trazado era muy sinuoso y exigente, lindo para manejar pero complicado. La clasificación resultó peleada, el auto a batir era el Cooper – Tornado, conducido por Eduardo Copello, que me superó por medio segundo e hizo la pole.

El domingo se corrieron dos series y la final. Copello ganó la primera y la segunda, yo. Concluidas las series, los organizadores intentaron reparar la capa asfáltica porque en varios sectores de la pista se habían formado baches y desprendido pedazos como piedras que, sueltas, hacían muy peligroso el andar de los autos.

Llegó la prueba final y pude largar en punta seguido por Sotro y Copello, que ya en la tercera vuelta lo pasó y quedó segundo. Al enterarme por boxes que detrás lo tenía a Copello, traté de andar lo más rápido posible, sin equivocarme porque las condiciones del circuito empeoraban vuelta tras vuelta debido al problema mencionado en el párrafo anterior, a lo que se agregaba la presencia de un fuerte viento, que complicaba la visibilidad. En el noveno giro, Copello realizó un trompo espectacular y, en la vuelta siguiente, entró a boxes con la mordaza del freno trasero izquierdo trabada, lo que motivó su abandono. Al enterarme traté de manejar lo más prolijo posible y andar con todas las pilas puestas, porque la situación era bastante complicada. Finalmente la carrera fue acortada, debido al deterioro de la pista y falta de visibilidad por el viento.

Ese día gané una carrera inolvidable porque se dieron varios hechos destacados: ganarle al Cooper, el auto a batir en ese momento, vencer en un circuito difícil y exigente por lo sinuoso, complicado aún más por los problemas citados, el excelente rendimiento del Bravi – Tornado y, además, ganar resulta siempre una experiencia emocionante, tanto para uno como para la gente que trabaja y para la que alienta.

Como dato anecdótico, la carrocería del Cooper terminó destruida por los golpes de los trozos de asfalto que despedían las ruedas traseras de mi monoposto, cómo habrá quedado que tuvieron que tirarla.

XXIII

Un sueño imposible.

Oreste Berta, allá por 1970, se dedicó a la fabricación en serie de monopostos de Formula 1 impulsados por motores Tornado. Como todo lo nacido en La Fortaleza de Alta Gracia respondían a un diseño de avanzada y además con la novedad de comercializarlos a cualquier piloto que quisiera tener un auto competitivo.

Esta fue, sin duda, la razón fundamental para que la categoría diera un salto fenomenal, ya que en muy poco tiempo la mayoría de los corredores que militaban en la especialidad dispusieron de un Berta F1.

Fue en ese momento cuando decidí vender mi viejo F1 para comprar uno nuevo y así lograr la competitividad necesaria para estar en el grupo de punta. Se me ocurrió poner un aviso en una revista especializada para tratar de interesar a alguien en la compra, aunque debido a que mi auto ya estaba obsoleto no tenía muchas esperanzas de conseguir un comprador, igual lo intenté.

Por eso resultó una gran sorpresa cuando recibí un llamado telefónico de Capital Federal, de un Ingeniero Civil llamado digamos... Pedro, a quien nunca había oído nombrar y en el cual me informaba que había leído el aviso y quería adquirir el auto para debutar en la categoría.

Viajé urgente a reunirme con el posible comprador, el primer encuentro lo tuvimos en su departamento y lo más curioso fue que cerramos el negocio sin que él conociera el F1. En realidad la situación se planteaba de manera tan atípica que tenía dudas de que esta operación se realizara... pero, a pesar de mi pesimismo, se hizo.

Tuvo el primer contacto con el auto en el autódromo de Rafaela cuando vino a buscarlo, esta prueba resultó más o menos regular. Lo curioso es que nadie lo conocía y mucho menos se tenían noticias de sus antecedentes en el manejo de un monoposto, según él había manejado un Fórmula Renault y de ese tipo de auto saltar a un F1 era una decisión bastante temeraria. Pero como yo lo quería vender y él no era un adolescente, mucho no pregunté.

El debut fue en el autódromo de la Rioja. El primer día fijado para entrenamiento no se pudo girar porque estaban terminando el circuito, en ese momento sucedió algo muy singular. Todos los pilotos estábamos reunidos en un quincho, comentando el nuevo trazado, pensando en la mejor manera de circular por él y charlando sobre distintos temas, la mayoría me preguntaba acerca del comprador de mi auto, solamente pude darles su nombre porque con certeza no conocía ningún antecedente de su carrera deportiva.

En ese momento me di cuenta de que no estaba en el grupo, salí a buscarlo para llevarlo a la reunión, lo encontré sentado sobre el piso del box al costado del auto, con el plano del circuito en el suelo, realizando una especie de simulacro de manejo, movía los brazos estirados como si empuñara un volante imaginario y los giraba a un lado y a otro como si tomara las curvas de acuerdo al plano, además realizaba los cambios de velocidad de acuerdo a los radios de las mismas, según el dibujo. Por supuesto, todo ficticio, ya que ni siquiera estaba sentado en el fórmula.

Me causó mucha gracia verlo, pero tuve que contenerme para poder preguntarle que estaba haciendo, la respuesta fue que aprovechaba el tiempo para memorizar las curvas y comprobar las relaciones de caja que iba a necesitar. No supe que decirle, nunca me había sucedido algo semejante, me fui de inmediato y por supuesto que se lo conté a los otros pilotos.

Como nadie lo podía creer se fueron todos al box para comprobarlo. Empezaron a espiarlo por un resquicio que tenía la pared, por miedo a que los viera y dejara de hacer los ensayos teóricos. Quedaron todos anonadados y preocupados. ¿Qué iba a pasar con este tipo cuando se subiera al F1 y tuviera que acelerarlo de verdad? ¿Y cuando tuviera que andar en pelotón? Estas reflexiones las pongo como ejemplo, porque la lista, por supuesto, es mucho más larga.

Cuando empezaron las pruebas todos estábamos pendientes de lo que pasaría con él. La Incógnita no duró mucho, a pesar de todas las recomendaciones que le di antes de salir cuando tomó la tercera curva se fue afuera y destruyó el tren delantero, por suerte sin consecuencias físicas y, sinceramente, para tranquilidad de todos los que teníamos que correr con él.

Para que puedan hacerse una idea cabal de la situación les comento que manejar un F1 de esa época no era nada fácil, pesaban 700 kg. Y desarrollaban una potencia de 350 HP, la velocidad máxima en un circuito como el de Rafaela era aproximadamente de 275 km/h.

O sea que saltar de un formula Renault, que era el auto menos potente dentro de los monopostos, a un Fórmula 1 resultaba una empresa muy difícil, capaz de ser realizada solamente por pilotos muy avezados. Lo que hizo este muchacho fue cosa de locos. ¿Habrá querido cumplir un sueño, sin tener noción de lo que significaba? No tengo la respuesta, pero lo que sí tengo claro es que esto fue totalmente insólito, como tantas cosas que suceden en las carreras, y que, por imperio de la realidad, correr un Fórmula 1 fue para él un sueño imposible.

XXIV

Un triunfo halagador.

En mi historial deportivo el año 1969 fue un tiempo en el que se cumplieron dos sueños: el primero, ganar las 500 Millas Argentinas, en Rafaela y el segundo, salir Campeón Argentino de la Mecánica Nacional Fórmula 1, sobre todo el primero porque desde chico, creo que desde siempre, tuve la ilusión de ganar esa mítica prueba.

Unos meses antes de la realización de las 500 Millas, el 6 de julio, se realizó la tercera fecha del campeonato en el autódromo enclavado en el Parque Gral. San Martín, de la ciudad de Mendoza y puedo decir, con orgullo, que el triunfo obtenido en esta prueba, con el Bravi Tornado de la Peña Rueda, fue otro de los éxitos festejados en el año, pero no solamente porque manejé muy bien, sino además porque el equipo me dio un auto que tiraba, frenaba y doblaba de manera excelente, porque el trabajo en los boxes funcionó a la perfección y porque pude cumplir con justeza el plan de carrera planificado.

Si digo que gané no solamente la final, sino también la clasificación y la serie en la cual participé, además de marcar el record absoluto de la pista a 135,587 km / h, aún mayor al de Jonathan Williams en la Fórmula 3, en la clasificación del sábado, puede pensarse que no se presentó ningún problema y, la verdad es que esto no fue así porque, entre otras cosas, el sábado, antes de salir a clasificar, los mecánicos descubrieron que una manguera de agua estaba a punto de cortarse, antes de largar la serie sentí una vibración que no me gustó y me di cuenta que venía de la tapa de válvulas, que estaba foja, antes de la final, unos diez minutos antes, uno de los mecánicos, haciendo una revisión, detectó un brazo de dirección suelto. Se puede pensar en la suerte, pero lo real es que en cada una de estas situaciones, como en todas las acciones necesarias para poner un auto en pista, el equipo trabajó con la rapidez, la eficacia y el conocimiento que cada momento requería.

Ese domingo 6 de julio, tal como dije antes todo se dio y el resultado fue un triunfo importantísimo para el logro del campeonato, al que celebré particularmente porque todos, cada uno en lo suyo, había cumplido muy bien su función y me habían entregado un auto que andaba excelente en todo el circuito, lo que me permitió darme el lujo de manejar como los dioses.

XXV

Debut y triunfo en el barro.

La vigésima cuarta fecha del extenso calendario del año 1967 en Turismo Carretera se disputó en el circuito mixto de Tres Arroyos (Pcia de Bs. As.). Para esta carrera el equipo oficial no se presentó, por lo tanto corrí con el auto que nos había entregado la fábrica para que participáramos en forma particular, con nuestro propio equipo, cuando se diera esta situación.

El domingo de la carrera, en Tres Arroyos amaneció nublado, con serias perspectivas de que cayera agua, pero lo cierto es que cuando fuimos a la largada no pasaba nada. Largábamos sobre asfalto, por ranking, y las buenas actuaciones que había tenido en las competencias anteriores me permitieron ganar muchos lugares, tenía el número 10 y en ese orden largué, con el cielo cubierto y algunos nubarrones oscuros en el horizonte, pero sin agua a la vista.

El auto andaba rápido y todo estaba en orden, veníamos bien, mi acompañante escuchaba Carburando y por eso sabía que ya se habían producido abandonos y que Pairetti, que con el número tres estaba puntero, había pinchado una goma. Cuando todavía circulábamos por el asfalto lo alcanzamos a Carlos y me chupé a la cola de su Barracuda – Chevrolet. Intenté pasarlo unas veces pero me resultó imposible, porque su auto andaba un poquito más fuerte. A pocos kilómetros de llegar a la tierra me puse casi a la par y él, con la mano me señaló los nubarrones, que se veían cerca, y con señas me indicó que estaba lloviendo. Efectivamente, llegábamos a la tierra y lloviznaba, una llovizna finita, aunque tupida. En ese momento pensé rápidamente la situación: primero, el camino de tierra era muy bueno, pero con el agua debía haberse hecho un barro chirle, peor que las huellas y los surcos, porque actúa como un jabón; segundo, él tenía el número tres y yo el diez, había largado siete lugares después y estaba detrás, a pocos metros, le ganaba por tiempo; tercero, yo nunca había corrido en el barro, él sí lo había hecho en varias oportunidades, tenía experiencia, ya era ganador de un Gran Premio, sabía que andaba fuerte y muy bien, En segundos, pensé todo esto y tomé la decisión: el negocio era seguirlo para que me mostrara por dónde ir. Eso hice.

Íbamos a la "remanija", con patinadas y derrapes incluidos, a medida que andábamos vimos algún auto en la cuneta o contra el alambrado, la radio nos daba primeros, la decisión había sido correcta. Los kilómetros en el barro fueron toda una aventura, no me podía distraer ni medio segundo ; en un momento, por el barro que tiraba el auto de Pairetti, el parabrisas se ensució tanto que casi no veía, mi acompañante, con casi todo el cuerpo fuera de la ventanilla, intentó limpiarlo arrojándole agua, pero enseguida estaba igual. Me arreglé como pude y finalmente, a pesar de los esfuerzos que hizo Carlos para colgarme, no pudo y gané la carrera. Fue una prueba durísima, después de 2h 51′ 23′′ y un promedio de 191,485 Km/h de competencia lo superé a Pairetti solamente por un minuto. Me sentí contento por el triunfo y además, conforme, porque había pasado con creces un examen bravo.

XXVI

Una prueba dolorosa.

La Mecánica Nacional Fórmula 1 entre el año 1967 y el 1973, experimentó un avance tecnológico importante en relación con las otras categorías del automovilismo nacional. Esto se debió a las libertades reglamentarias, a la incorporación de técnicos y mecánicos altamente capacitados y a la incursión de los mejores pilotos del país en la categoría, una conjunción ideal que se daba como pocas veces había ocurrido en esta especialidad.

Debido al reglamento vigente pudo incorporarse el motor Dodge V8, impulsor muy superior a la mayoría de los que se utilizaban en la categoría. Personalmente tomé la decisión de colocarlo en el Fórmula 1, en reemplazo del Tornado que traía originalmente el Berta, lo que presentó cierta complejidad porque hubo que realizar modificaciones importantes en el chasis.

Pero lo que trajo muchos inconvenientes fue el desarrollo del motor V8, fundamentalmente debido a la falta de experiencia. Se trabajó a full realizando pruebas con los materiales que originalmente traía el motor y después de varios meses de innumerables ensayos llegamos a la conclusión de que el impulsor no funcionaba y que, ante la exigencia, se fundían las bielas o se volaba alguna pieza. Llegamos al punto de pensar en abandonar el proyecto hasta que la fábrica Chrysler decidió apoyarme y me proveyó de piezas especiales que traían de Estados Unidos. Con estos elementos el motor funcionó según lo deseado y gracias al trabajo meticuloso de mi mecánico, el querido y recordado Orlando Rojas, logramos desarrollarlo con una potencia similar a los oficiales de fábrica.

Pero durante los ensayos previos a las 500 Millas ocurrió un hecho desagradable que desbarató los planes trazados. Todo comenzó con un problema de temperatura en el motor que nos trajo algunos dolores de cabeza. Finalmente hicimos algunas modificaciones que aparentemente solucionaban el problema y así, el miércoles anterior a la carrera, a las catorce, nos dispusimos a realizar nuevos ensayos en el autódromo. Elegimos de ex profeso ese horario por la alta temperatura reinante que nos permitiría comprobar fehacientemente si las modificaciones daban resultado.

Comencé girando a un ritmo moderado y me detenía cada cuatro o cinco vueltas para controlar que todo estuviera en orden. En principio todo funcionaba perfecto por lo que decidí aplicar toda la potencia para exigir al máximo el sistema de refrigeración.

Todo sucedió en pocos segundos, transitaba a pleno el curvón norte cuando explotó una manguera de agua que pasaba por el habitáculo, junto a la butaca. El agua del radiador que estaba al máximo de temperatura, cercana a los cien grados centígrados, inundó la butaca y se corrió hacia el frente, mojándome las piernas y depositándose donde tenía los pies, mientras que el vapor que despedía empañó la visera del casco, quitándome visibilidad. Intuitivamente pude llevar el auto y detenerlo a la altura de la torre de control y rápidamente, aunque a mí me pareció un siglo, llegaron los mecánicos para desatarme, sacarme de ese infierno y trasladarme urgente a la Clínica Mayo de la ciudad de Rafaela.

Pasó un tiempo que me pareció una eternidad hasta que llegó el médico, quien diagnosticó quemaduras de tercer grado en la parte posterior de las dos piernas, hasta casi la cintura e inmediatamente me realizó la primera curación. Por si no lo saben les comento que ésta, por lo menos en ese momento, se realizaba sin ningún tipo de calmante por el riesgo que implicaba. La indicación que me dieron fue que agarrara muy fuerte los barrotes de la camilla, apretara los dientes y aguantara el dolor. No había otra, pero les aseguro que no fue nada fácil.

Estuve cuarenta y cinco días internado, en un momento se complicó todo con una infección, pasé por momentos de mucho dolor, llegué a pesar treinta y cinco kilos y sin duda, lo recuerdo como el episodio más difícil de mi carrera deportiva. Fueron muchos días y muchas noches para pensar, para valorar la familia, los afectos. Hasta llegué a analizar si se justificaba correr con los riesgos que implicaba hacerlo.

Pero pasó el tiempo y llegó la recuperación. Entonces, a pesar de todo, volví a correr porque esa era mi pasión.

XXVII

La vuelta de Necochea y un promedio para el asombro.

La Vuelta de Necochea (Pcia. de Buenos Aires) se convirtió en 1967 en la carrera más veloz, en la historia del Turismo de Carretera, merced al altísimo promedio logrado por el ganador, Ángel Rienzi: 215, 460 km / h. Las palabras que expresó con posterioridad a la competencia muestran claramente no sólo su manera de pensar con respecto al súper veloz circuito de Necochea, sino el pensamiento de los corredores a los que podríamos considerar históricos de la categoría en ese momento : "Esta carrera es necesaria. Uno sabe cuánto da el auto y lo que aguanta.

Y esto que digo ahora no es porque haya ganado, siempre pensé así" Por supuesto que las características del circuito se prestaban para lo que argumentaba Rienzi, ya que era un triángulo con tres largas rectas que prácticamente se hacía siempre a fondo, salvo en las tres curvas que unían las rectas.

El triunfo de Ángel estuvo basado en su astucia y experiencia, el sábado, sin que nadie lo supiera, fue hasta el puerto de Necochea, donde funcionaba una estación meteorológica, para averiguar de qué lado estaría el viento y qué intensidad tendría el domingo, cuando se desarrollara la carrera. Gracias a esos datos, a la noche cambió la relación de diferencial (corona y piñón) para que el motor no se pasara de vueltas y así lograr la mayor velocidad final en las interminables rectas de ese trazado. De esa forma pudo lograr un triunfo inobjetable y clavar un nuevo record de velocidad para el Turismo Carretera de 215, 460 km/h, después de recorrer 737 kilómetros y nada menos que con un cupé tradicional equipada con un motor Ford-V8 F100. No se exagera si se califica esto de verdadera proeza.

En ese momento yo integraba el equipo de competición de I. K. A. [Industrias Káiser Argentina] y creo que realicé una buena carrera con el logro de la tercera ubicación, pero como siempre que un corredor no gana aparecen uno o varios peros, que aquí también estuvieron, porque lo cierto es que tuve varios yerros que pueden no sorprender si se piensa que era mi segunda carrera en el T. C. y me faltaba muchísima experiencia.

El primer inconveniente estuvo en que largué muy atrás, con el número 66, tuve que pasar muchísimos autos para llegar a los lugares de vanguardia y en cada sorpaso perdía casi medio segundo, debido a que la ruta era angosta y tenía que hacer señas con las luces para que me dieran paso, cosa que, por otra parte, todos trataban de impedir, como es lógico. Otro problema se presentó cada vez que pasábamos por algún lugar poblado, el público estaba sobre la ruta y les digo la verdad, disminuía la velocidad y bajaba un cambio, atemorizado con la idea de que no se retiraran a tiempo y se ocasionara un desastre mayúsculo, pero como es de imaginar perdía un tiempo muy valioso.

Me parecía increíble que la gente no tuviera conciencia del peligro que significaba para ellos y para los pilotos, era realmente de terror. El tercer inconveniente fue un problema técnico, al que voy a tratar de explicar de la manera más escueta posible.

El motor del Torino normalmente consumía aceite cuando se lo exigía tanto tiempo al máximo, para solucionar este problema disponíamos de un depósito de aceite con una bomba manual para agregarle lubricante cuando bajaba la presión del mismo, pero nos equivocamos en la carga porque cuando vimos que empezó a salir humo por el escape le agregamos más cantidad que la necesaria, el temor de que se fundiera nos jugó una mala pasada.

Como resultado de esto cada vez largaba más humo por la cantidad de aceite que había en el carter y el motor bajaba de vueltas porque el cigüeñal y las bielas rozaban con el exceso de lubricante y se producía este fenómeno. La inexperiencia hizo que cometiera errores de este tipo y les puedo asegurar que en el TC de esa época, en las carreras en ruta, la experiencia jugaba un papel muy importante.

De ese lejano domingo del año 1967 recuerdo algo que me ocurrió y a lo que puedo calificar de muy gratificante. Cuando me encontré en la llegada con el segundo, nada menos que Oscar Cabalén, un verdadero ídolo, tuvimos una charla muy amena, yo no me animaba a tutearlo y lo trataba de usted, lo mismo que al TC en ese momento. Cuando me dijo: "Pibe, tutéame, si no me ganaste fue por todos los problemas que tuviste", me emocioné.

Son palabras que me resultaron inolvidables, no solamente por lo que a nivel personal significaban, sino porque me mostraron a un tipo al que yo admiraba en una dimensión humana que trascendía su categoría de ídolo. Oscar Cabalén, un señor con todas las letras.

Volviendo a la Vuelta de Necochea vale decir que era una carrera especial, marcada por las altas velocidades que se podían desarrollar. Como dato a rescatar puede decirse que el rendimiento de las cupecitas es algo digno de figurar en los anales del asombro.

XXVIII

Mi primer gran premio.

Los Grandes Premios de Turismo Carretera siempre fueron una aventura, tanto para los participantes como para los tuercas que los seguían por radio, incluso desde antes de la largada. Muchos de ellos se pasaban las noches sin dormir escuchando al comentarista radial informar sobre los pasos de los autos por cual o tal pueblo y de esa forma saber cómo estaba ubicado su ídolo o como estaban colocados los pilotos que participaban con la marca de sus amores, que podía ser Ford, o Chevrolet, o excepcionalmente Dodge.

El tener que seguir las carreras por radio, por no existir la televisión, indudablemente incentivaba la imaginación de los tuercas, quienes se identificaban con Gálvez, con Fangio, con Ciani, con Marcilla, con Musso, con los gringos Emiliozzi y su veloz " Galera"y con muchos más que abrieron las rutas de nuestro país. Yo también en mi juventud fui uno de esos adeptos y como ellos, vivía pegado a la radio para saber cómo se desarrollaban las etapas y les aseguro que tenía en un rinconcito del corazón la ilusión de que algún día podría llegar a correr un Gran Premio, era nada más que un sueño, pero estaba ahí, escondido, latente, esperando que algún día llegara la oportunidad.

Por esas cosas del destino y por qué no decirlo, por esa perseverancia en pos de un objetivo, esa posibilidad llegó muchos años después, pero llegó. El día que largábamos el Gran Premio de 1967, desde Olavarría (Pcia. de Buenos Aires) casi no lo podía creer. Me parecía mentira, pero lo cierto es que estaba en la largada, listo para correr mi primer Gran Premio.

Personalmente resultó una carrera muy difícil y complicada, ya que todo empezó mal desde el inicio. El auto era un Torino del equipo oficial I. K. A. (Industrias Káiser Argentina) que fue terminado a último momento, tan a último momento que tuvimos que llevarlo en marcha desde Córdoba para asentar el motor porque no hubo tiempo para banquearlo. Cuando faltaban pocos minutos para la largada, mientras probábamos en una ruta adyacente, tuvimos un problema con la bomba de freno, que fue imposible reparar debido a la falta de tiempo. Como se darán cuenta ya en el inicio tuvimos un desencuentro con el tiempo. No quedó otra alternativa que salir sin nada de frenos, pero eran tantas las ganas de correr que salimos a recorrer esa primera etapa, de Olavarría hasta San Rafael (Mza), más de 700 km, en esas condiciones. Realmente algo de locos, cuando cruzábamos los pueblos rezábamos para que no se cruzara nadie porque parar el auto era casi imposible. De cualquier forma pudimos terminar la etapa, muy atrás, pero llegamos.

Lo que no sabíamos era que nos faltaba lo peor. Para la etapa de San Juan a Villa Mercedes (San Luis), la tercera, Berta le modificó el escape al auto y la performance mejoró muchísimo. Largábamos muy atrás pero como andaba fuerte fuimos escalando posiciones hasta llegar al cuarto puesto por tiempo, todo marchó bien mientras circulábamos por la ruta asfaltada, cuando tuvimos que recorrer los caminos arenosos de San Luis empezamos a tener poca visibilidad, como consecuencia de la polvareda que levantaban los autos que alcanzábamos. Llegó un momento en que realmente no se veía nada. Frente a las dos opciones que se presentaban, bajar el ritmo o jugarse a andar con poca visibilidad, guiándonos por la hoja de ruta, con mi acompañante estuvimos de acuerdo en seguir a fondo. Por lo tanto empezamos a viajar con control remoto, lo que en buen romance significa sin ver nada, guiados solamente por la hoja de ruta. ¿Cómo terminó esta aventura?

Se dio una de las posibilidades, desgraciadamente la peor, nos tragamos una curva, salimos del camino y caímos de un puente a un río seco. Dimos como cinco vuelcos, nos dimos unos buenos golpes y yo me fisuré un tobillo y algunas costillas, pero nada grave. El auto, por supuesto, quedó para chatarra. En ese momento se produjo un hecho que, a pesar de la situación, bien podría considerarse humorístico. Mientras Beto juntaba todo lo que se había desparramado apareció un criollo a caballo, quien nos dijo: "Muchachos, estábamos tomando mate en el rancho y oímos un gran ruido, ¿qué les pasó?, ¿se les rompió el caño de escape?". Entre la risa que me provocó y los dolores que sentía, solo pude contestarle: "Mire como quedó el auto". Era un montón de chapas dobladas, pero igual me respondió, sin inmutarse: "! Mire Ud. Don, nosotros creíamos que había roto el escape "!.

Así terminó mi primer Gran Premio, con muchos altibajos, pero no estoy arrepentido ya que fue una experiencia inolvidable, además de un aprendizaje que me resultó muy útil. Después de esta difícil prueba, admiro muchísimo más a esos pioneros que con sus cupecitas recorrieron caminos casi intransitables, con tierra, con barro, viviendo situaciones mucho más difíciles que la que nos tocó a nosotros. Ellos, sin duda, son los verdaderos héroes que hicieron grande al Turismo Carretera.

XXIX

Los Torinos en el óvalo Rafaelino.

La temporada de 1967 de Turismo Carretera fue prolifera en competencias. Se realizaron más de treinta fechas, que se desarrollaron en ruta y en autódromos, prácticamente corrimos dos temporadas en una. Lo hacíamos casi todos los domingos. El ritmo era realmente vertiginoso. El equipo oficial IKA (Industrias Káiser Argentina), dirigido por Oreste Berta, que debutaba con el nuevo Torino, hacia tabla rasa en casi todas las carreras, pero para poder completar las fechas del calendario, Eduardo Copello, Héctor L. Gradassi y quien escribe, integrantes de la escudería, tuvimos que competir con dos autos, uno oficial y otro particular, armado por el equipo de cada piloto.

En el oficial no había órdenes sobre quién tenía que ganar, como comúnmente se implementa en un equipo, partiendo de esa base, en muchas carreras corríamos entre nosotros a cara de perro y ganaba el que tenía más suerte o andaba mejor. Estos pormenores internos no lo sabía el público que seguía las carreras, quienes siempre creyeron que los resultados estaban digitados, pero les aseguro que no era así.

Cuando se aproximó la fecha de realización de la carrera en el autódromo de Atlético, el comentario de los hinchas tuercas de Rafaela era que Berta, como oriundo de esta ciudad, iba a dar la orden de que yo pudiera ganar si se daba la ocasión, pero yo tenía claro que eso no sucedería justamente por lo comentado anteriormente.

Llego la fecha y se presentó el equipo Torino en pleno demostrando todo su potencial. En clasificación logramos un dominio total y era previsible que la carrera seria disputada entre nosotros tres, el que nos podía ofrecer alguna contra era Oscar Cabalen con el Mustang V8.Tuvimos algunos inconvenientes con los motores en las pruebas que fueron solucionados el sábado a la noche, este problema trajo aparejado otro muy importante, que no pudiéramos realizar ensayos de duración de los neumáticos que íbamos a utilizar en carrera, algo fundamental para poder encarar una competencia de seiscientos km, en el óvalo, con sus interminables curvones y peraltes. Cuando largamos no teníamos el ciento por ciento de seguridad de que los neumáticos durarían toda la carrera sin parar en boxes.

Tomamos la delantera los tres Torinos oficiales, nos opuso resistencia Cabalén hasta que su Mustang dijo no va más. Desde ese momento nos dedicamos a girar a un ritmo rápido, pero sin exigirnos a pleno. Al analizar que sería imposible ganar si llegábamos a las vueltas finales los tres juntos, debido a que el Torino de Copello, por contar con una trompa más aerodinámica y algunos detalles diferentes en el motor tenía más velocidad, le dije a mi acompañante: "vamos a tomarnos el buque", porque me di cuenta por la tenida del auto que las gomas no sufrían desgaste. Había sacado más de media recta de ventaja, cuando apareció un cartel en boxes que decía "cuidar gomas", tuve que obedecer como un duque, si no iba a tener problemas con el "jefe", o sea Oreste Berta. "Lo anecdótico sucedió a partir de ahí, cuando empecé cruzar primero la torre de control cada diez vueltas y después volvía al tercer puesto. Yo sabía que había un premio extra en efectivo al auto que transponía la línea en punta, mis compañeros de equipo no lo conocían y alegremente me dejaban pasar. Terminé tercero, pero gané la misma cantidad de premio en efectivo que el ganador, Eduardo Capello.

Cuando a la noche nos encontramos en la entrega de premios el acompañante de Gradassi me confesó que, cuando faltaba poco para terminar la carrera, " Pirin" le mencionó que le parecía raro que yo los pasara cada diez vueltas y que suponía que realizaba esta maniobra porque debía haber plata en premios. En ese momento me di cuenta de la dimensión de piloto que era Gradassi, circulando más de 200 km/h le sobró tiempo para pensar y darse cuenta de lo que yo estaba haciendo."

Siempre sostuve que los verdaderos pilotos, los fuera de serie, no son solamente rápidos, sino que además pueden pensar con frialdad a altas velocidades. En la era actual tenemos dos ejemplos muy claros en las figuras de Traverso y el desaparecido Rubén L. Di Palma.

XXX

La velocidad no es "moco de pavo".

En agosto de 1969, época en la que estuve ligado deportivamente al Ingeniero Heriberto Pronello, diseñador y constructor de los Huayra y los Halcón, autos que revolucionaron el ambiente tuerca de ese momento, concurrí a realizar un ensayo en un circuito trazado en las calles del parque San Martín, ubicado en la ciudad de Mendoza, con el Sport Prototipo Huayra-Ford. La intención es mostrarles como trascendió en los medios periodísticos ese episodio y también relatarles una anécdota curiosa que me tocó vivir.

El titular de la revista E1 Gráfico, del 2 de setiembre de 1969, rezaba lo siguiente: "Extraña visita a Mendoza de Heriberto Pronello, para continuar diciendo: " con él vino Jorge Ternengo, dos mecánicos y un Huayra. E1 viernes 22, Ternengo salió a conocer el circuito. Informarles y sin ritmo fueron las pruebas, ya que se anduvo rápido muy pocas vueltas. Pronello, mientras tanto, conversaba con la gente de la concesionaria Ford local".

A continuación consignaba palabras textuales del preparador con respecto al objetivo perseguido: "Vinimos para probar. Necesitamos saber todo de este auto. Ya sabemos que es el mejor prototipo, ahora necesitamos que gane. Pensamos que ésta era la mejor pista, la más completa del país, por eso la elegimos. Además trajimos a Ternengo, que lo conoce. Pensamos bajar el tiempo récord que Copello realizó con la Liebre II (1m. 51s.) y el de Fangio con el Lancia-Ferrari, que fue de 1m. 48s. 5/10. El piso picado será algo nuevo para el SP". Ante la pregunta del periodista si realmente habían ido a probar, el preparador contestó con una sonrisa afirmativa a la que el periodista calificó de enigmática, por lo que termina opinando "aquí hay algo escondido".

El periodista continuaba: "De todas maneras, parece contento. Pero repito que algo está por salir a luz porque casualmente su viaje coincidió con la convención de la bodega Giol en Cacheuta y existe un proyecto de ayuda de 150 millones de pesos de los viñateros para la construcción de uno o más Sport Prototipos, que correrían en la temporada internacional de 1970, para participar luego en dos pruebas de la temporada europea"

En resumidas cuentas, nunca tuve claro cuál fue el objetivo perseguido con la visita al autódromo de Mendoza, lo que sí puedo decir es que el supuesto proyecto planteado en el párrafo anterior nunca se realizó, cosa que, lamentablemente, en nuestro país suele ocurrir con demasiada frecuencia.

En estas pruebas realizadas en Mendoza me ocurrió algo anecdótico, que por supuesto, no fue tema periodístico, pero que quiero relatarles porque me llamó mucho la atención. Pronello me pidió que llevara a uno de los directivos de la empresa que; supuestamente, pensaba patrocinar el equipo porque le se lo había pedido especialmente con el lógico argumento de que le gustaba la velocidad y no quería perder la oportunidad de disfrutar.

Una vez hechas las presentaciones, este señor me solicitó que girara a ritmo de carrera, que quería saber cómo era andar rápido en un Prototipo, qué sentimientos despertaba una situación de riesgo como esa; frente a este pedido le señalé que cuando llevaba a otra persona no me gustaba andar tan rápido, ya que un fuera de pista en ese trazado podía resultar fatal. Al oír mi negativa, me recalcó nuevamente que él se hacía responsable si pasaba algo; no había dudas, el hombre quería a toda costa que girara a ritmo de carrera.

Salimos de boxes, encaramos la pista y tomé las primeras curvas a mediana velocidad para calentar las gomas, no llegué a completar una vuelta cuando me hizo señas para que parara, al detener el auto vi que se sacaba el cinturón de seguridad y se bajaba, asombrado le pregunté que le pasaba y obtuve la siguiente respuesta: "Los gases del motor me descomponen, siga solo", y me dejó.

El motor no tenía ninguna pérdida, ni de aceite ni de nafta, por supuesto nunca supe por qué se bajó del auto. Bueno, en realidad lo puedo suponer y deducir porque, a veces, ciertas cosas nos parecen que pueden ser de una manera, pero después la realidad nos indica lo contrario.

XXXI

Gran premio de TC 1971.

Correr el Gran Premio de Turismo Carretera de 1971, por los caminos de la Mesopotamia, resultó una aventura total. Utilicé una Cupé-Torino, sin ningún apoyo de fábrica. ¡Esa sí que fue una carrera a todo pulmón!

En esa época estaba instalado en Alta Gracia, donde me proveía de los elementos que desarrollaba para los motores Torino, Oreste Berta. Mi acompañante y mecánico fue Tuchín Pérez, un cordobés de fierro, uno de esos tipos buenos, trabajadores, que no son fáciles de encontrar. Antes de decidir la participación lo conversamos largamente con él, sabíamos que estábamos en inferioridad de condiciones con relación a los equipos oficiales de fábrica, teníamos claro que el esfuerzo iba a ser mucho, pero... la atracción que nos generaba el Gran Premio superaba todo y por eso, igualmente fuimos a correrlo.

Al auto le faltaba velocidad para mezclarse en la punta, pero nos alcanzaba para estar en el medio del pelotón, compuesto por las cincuenta y tres máquinas que largaron. Nuestro objetivo era dar la vuelta.

Durante la primera etapa recorríamos los caminos de tierra colorada de Misiones, complicados debido a las subidas y bajadas, con curvas prácticamente a ciegas. A 150 km del inicio empezaron los problemas, se perforó un pistón, lo que provocó que el auto despidiera mucho humo que entraba al habitáculo, por lo que bajamos las dos ventanillas para que circulara aire, intentando contrarrestar el humo tóxico que respirábamos. De esa forma recorrimos 400 kilómetros.

Tuchin se descomponía por los gases, pero se la aguantaba con tal de llegar al final de la etapa y así poder

98

reparar el inconveniente. Pero en las irregularidades del camino nos encontramos con una subida muy pronunciada, a pesar del inconveniente del motor le dimos para adelante, cuando faltaban unos cien metros para alcanzar la parte más alta el auto, debido a la poca potencia, se paró y no hubo forma de poder transitar ese último tramo, desalentados bajamos y estacionados a la vera de la ruta tomamos la triste decisión de abandonar. Lo de triste aseguro que no es solamente una metáfora, sentimos una profunda tristeza porque correr un Gran Premio es algo especial, muy especial.

Estábamos en plena selva misionera, no sabíamos qué hacer con el auto hasta que apareció un nativo con su hijo y realizamos un acuerdo para que lo cuidara hasta que llegaran los auxilios. Nosotros aprovechamos un coche particular, cuyo dueño, amablemente, nos trasladó hasta Posadas.

Lo sorprendente ocurrió al día siguiente, cuando mi acompañante fue a buscar el auto. El señor a quien le habíamos encargado la custodia, junto a su hijo, habían permanecido todo el tiempo cumpliendo con su misión y cuando Tuchin se presentó a retirarlo no lo reconoció, porque estaba en un estado de higiene y salud normal a diferencia del día anterior que cargaba tierra de 600 kilómetros y por los gases tenía una molesta descompostura. Frente a esta situación, enarbolando un importante machete, no le permitió ni acercarse al auto y lo mantuvo a distancia, aclarándole que había asumido un compromiso y lo iba a cumplir a rajatabla. Con calma, Tuchin le empezó a contar todo lo que habíamos hablado el día anterior, de manera que pudiera reconocerlo, cosa que, de a poco, fue ocurriendo.

Cuando todo se aclaró, tal cual lo habíamos convenido, se dispuso a pagarle por el trabajo, cosa que, bueno es aclararlo, hacía con gusto por el celo con que lo había realizado. Aquí llegó una sorpresa, ya que se negó a recibir retribución alguna, no hubo forma que aceptara. Según decía, consideraba un honor que hubiéramos confiado en él para cuidar el auto y con eso se consideraba pagado y, aunque cueste creerlo, no cambió su postura, a pesar de todos los argumentos en contra que le dieron.

Al enterarme, sinceramente me conmoví por la actitud tan responsable como desinteresada de este Señor, del cual ni siquiera sé el nombre, porque en la vorágine de las carreras no disponemos del tiempo necesario para detenernos a pensar en lo mucho y bueno que a veces recibimos.

De alguien que, como en este caso, no quiere ninguna recompensa. Contar esta anécdota intenta ser un reconocimiento para este misionero que, sin duda, forma parte del grupo de la muy buena gente.

XXXII

Gallinas por el aire.

Es archiconocido por todos los seguidores del deporte motor que las competencias de Turismo Carretera, antes de correrse en los autódromos, se desarrollaban en ruta, en circuitos de tierra o mixtos, de tierra y asfalto. Andar por caminos de tierra, en algunos casos bastante deteriorados, a ritmo de carrera, con autos de mucha potencia, como por ejemplo eran lo Torino 380 W, implicaba una cuota de riesgo bastante alta pero esto no quitaba que, sobre todo en los días previos a la Competencia, cuando recorríamos la ruta para reconocerla, sucedieran hechos divertidos.

Como ocurrió para la Vuelta de Olavarría, el sábado anterior a la carrera, en un camino rural, cuando probábamos el Torino. Es importante aclarar que este recorrido lo realizábamos con la ruta abierta y, por lo tanto, debíamos estar muy atentos ante cualquier imprevisto: un auto que circulaba en sentido contrario, animales sueltos, alguna chata de los tamberos, etc., etc.

Veníamos en la tierra y bastante rápido (aproximadamente 200 km/ h), por una recta larga que desembocaba en una curva en ángulo recto. Justo allí había una casa, a la izquierda, del lado interno, que no permitía ver bien las características del camino que teníamos que retomar.

Aprovechando la presencia de la casa de campo, le dije a mi acompañante que la marcara en la hoja de ruta como punto de referencia. Doblamos derrapando y cuando tomamos el otro camino nos llevamos una sorpresa mayúscula ya que éste estaba invadido por una cantidad enorme de gallinas. Imposible frenar porque venía con el auto muy cruzado y en consecuencia,

101

sucedió lo inevitable, debido al impacto empezaron a volar gallinas por el aire.

La casualidad quiso que tuviéramos que parar a los cien metros, más o menos, para auxiliar a otro piloto que también recorría la ruta. Nos pusimos a charlar y cuando habían pasado algunos minutos mi acompañante observó que se acercaba un paisano a caballo.

Venia directo hacia el lugar donde estábamos, por lo que no dudé ni un instante en afirmar que era el dueño de las gallinas que habíamos embestido.

Pensamos en hacernos humo para evitar una trifulca, pero el hombre no nos dio tiempo porque llegó en tiempo record. Paró al lado del Torino y con voz grave preguntó quién era el dueño del auto, se produjo un silencio digno de una película de suspenso, pero como se imaginarán no tuve otra opción que identificarme.

La sorpresa de todos fue mayúscula cuando el paisano, con su vozarrón áspero, me dijo: -"Ternengo, ¿ me firma un autógrafo?"- y me alcanzó un papel y una lapicera. Me volvió el alma al cuerpo y rápidamente le estampé una dedicatoria con los detalles que me solicitaba.

Esta anécdota, además de señalar una situación risueña, muestra el fanatismo que siempre despertó el Turismo Carretera y que, seguramente, constituye uno de los motivos, entre muchos otros, que permitió la perdurabilidad y la hegemonía de la categoría hasta el presente.

XXXIII

Mi primer triunfo en el turismo carretera.

Ocurrió el 25 de mayo de 1967, en Bahía Blanca. Un día muy frío, en un trazado mixto de tierra y asfalto, de rectas muy largas, pero con imprevistos en el camino que lo hacían muy peligroso, dado la alta velocidad desarrollada.

Siempre pensé que ganar una carrera es una "circunstancia" y estoy hablando de cualquier categoría del automovilismo. Un piloto con pretensiones de triunfar, hace todo lo posible y de la mejor manera, dentro de sus posibilidades, para lograrlo ; trata de tener el mejor chasis, el mejor motor, el mejor conjunto de personas que trabajen en el auto, el mejor entrenamiento físico y anímico, el mejor plan de carrera, variable de acuerdo a la actuación de los rivales, trata de manejar lo más rápido posible, cometiendo el mínimo de errores y por último, actuar frente a las imponderables de una competencia, muy difíciles de prever.

Como se puede apreciar, las variables a salvar para llegar primero son muchísimas.

Estoy seguro que en la época actual, con la irrupción de la computadora, algunas de las variables antes expuestas se podrán calcular con anticipación, reduciendo enormemente los márgenes de error. Pero lo que sí resulta imposible de calcular o prevenir son los "imponderables" que existen en la competición en un porcentaje demasiado alto. Por ejemplo : cómo podríamos prever la pinchadura de un neumático, o la maniobra mal realizada de un contrincante, que nos perjudique directamente, O en las competencias de ruta obstáculos no calculados, o las consecuencias de nuestros errores de manejo, o las fallas mecánicas imprevistas. Estos son unos pocos ejemplos de lo que puede suceder en una competencia, la cantidad de hechos imprevisibles, y a veces incontrolables que pueden ocurrir son muchísimos.

Todo esto viene a cuento para comentarles cómo obtuve mi primer triunfo en el Turismo Carretera. Todo empezó con la rotura de la tapa de cilindros del Torino-Tornado, que armábamos con mi equipo en Rafaela.

En ese momento teníamos dos autos de TC para correr el campeonato de 1967, uno era el del equipo oficial IKA armado en fábrica bajo la dirección de Oreste Berta, y otro el que armábamos nosotros con fierros de Berta, pero en nuestro taller y en forma particular. Se utilizó este método, porque la fábrica no podía llegar a tiempo con los autos a todas las carreras, debido a la cantidad de fechas que tenía el calendario.

Cuando tuve el inconveniente con mi auto solicité de inmediato una tapa de cilindros nueva preparada por Berta, pero todo se complicó cuando de fábrica me contestaron que en ese momento no tenían disponible. El hecho sucedió unos diez días antes de una carrera a realizarse en La Pampa, analicé el tema y decidí retrabajar una con personal de mi equipo, copiando la deteriorada. Era la primera vez que hacíamos, con muchas limitaciones en relación a la fábrica, en realidad no teníamos ninguna seguridad de que anduviera bien, eso solamente se podría comprobar en carrera. Pero queríamos ir a correr a La Pampa, y como sin coraje no hay guerra, le dimos para adelante.

E1 rendimiento de la tapa de cilindros fue muy bueno, largamos con el N*47 y llegamos segundos, detrás de Oscar Cabalén que fue el ganador de esa vuelta de La Pampa. No podíamos entender cómo esa tapa podía andar tan bien, ya que era la primera vez que hacíamos ese trabajo, bastante complejo por cierto.

E1 domingo siguiente se corría la vuelta de Bahía Blanca. Al ver que teníamos posibilidades de ganar, el equipo trabajó más que nunca en todos los detalles del auto para que no se parara por alguna insignificancia; sabíamos que teníamos un muy buen motor y eso era lo principal en las carreras de ruta. Pensamos con el equipo en organizar un plan de carrera, pero llegamos a la conclusión de que si queríamos ganar era imposible planificar algo, porque eran muchos los autos en condiciones de hacerlo.

La decisión la tomé en la línea de largada, me dije a mi mismo, "esta carrera quiero ganarla, tengo el auto para poder intentarlo, lo único que me queda es correr toda la prueba a fondo y lo demás lo decidirá el destino". Fue una carrera infernal, corrimos como si fuera una de pista, salíamos de los retornes lentos en primera a fondo "tirando" al máximo de vueltas del motor, en todas las marchas, hasta la cuarta velocidad. Mientras pasaba el tiempo pensaba que el motor "explotaría" en cualquier momento... pero aguantó los 650 km. del recorrido. Le gané a Héctor L. Gradassi, por solo cuarenta y cinco segundos, después de más de tres horas de carrera, si hubiera "levantado" un cachito no ganaba seguro.

Tuve la suerte de que los "imponderables" no aparecieron, por eso sigo pensando que ganar es una circunstancia. Nosotros, mi equipo y yo, pusimos todo el trabajo, el empeño y el talento de que éramos capaces, el destino puso el resto y, con todo amalgamado, surgió mi primer triunfo en TC .

XXXIV

Un tren en el camino.

La mayoría de las carreras de Turismo Carretera en la década del 60 se realizaban en circuitos ruteros y como consecuencia de las características de estos, en muchas de las pruebas ocurrían circunstancias imprevistas, casi imposibles de prever. Uno de los mayores inconvenientes que teníamos con mi acompañante era la falta de experiencia en carreras de ruta, lo contrario sucedía con mis compañeros de equipo, Héctor L. Gradassi y Eduardo Copelo, quienes anteriormente habían participado en la categoría turismo y, si bien los autos tenían menos potencia, indudablemente les sirvió para adquirir experiencia.

Los hechos que voy a relatar ocurrieron en la vuelta de Rosario, el Torino que conducía andaba muy rápido y pudimos pelear la punta desde las primeras vueltas de la carrera, después ocurrió un hecho insólito que me retrasó y al final tuve que abandonar.

El primer inconveniente lo tuve de entrada, a poco de comenzada la prueba, cuando venia peleando la punta con Eduardo Casá, que tripulaba una cupé Ford, auto al que los fanas tuercas habían apodado el "Tractor", porque no se paraba nunca. Después de realizar el primer tramo en caminos de tierra teníamos que transitar por una ruta de asfalto, la que a los pocos metros de abordaría estaba cruzada por un paso a nivel. Cuando la tomé pude divisar el auto de Casá, lo que me permitió advertir que disputábamos la punta de la carrera, dado que habíamos largado unos 40 o 50 segundos detrás y lo estábamos alcanzando.

De pronto ocurrió algo que estaba fuera de todos los cálculos, cuando llegamos al paso a nivel empezaba a cruzar un tren carguero que, como se imaginarán, nos obligó a detenemos. Tuvimos que parar y esperar a que pasara. Nadie de los organizadores nos habla advertido que esto podría suceder, de esa forma perdimos diez valiosos minutos que pasamos masticando bronca al ver que se nos escapaba la posibilidad de ganar.

El público, al vemos detenidos por el paso del tren, empezó a rodear el auto para observarlo de cerca y poder hablar con nosotros. Nuevamente ocurrió otro hecho fuera de lo normal ya que apareció un fanático del Torino y nos empezó a increpar a los gritos, diciéndonos por qué no seguíamos, que si no le metíamos pata el Tuqui Casá, que había logrado pasar antes, nos iba a sacar mucha ventaja y no podríamos alcanzarlo más.

Yo estaba recontra engranado por el tema del tren, cuando escuché las barbaridades que gritaba directamente me saqué feo y le grité si estaba loco o en curda, si no veía que estaba pasando el carguero. Y la rematé con un sonoro: "pel..., querés que levante vuelo para pasar". No sé si fueron los gritos o el insulto lo que surtió efecto, o ambas cosas a la vez, pero la cuestión es que no habló más. ¿El fanatismo lo llevó a decir algo tan incoherente? ¿Es tanto el fervor que se descontrolan y no piensan? No sé, pero sin dudas que fue una verdadera situación de locos.

XXXV

Problemas en la vuelta de rosario.

En la misma Vuelta de Rosario, después de superado el inconveniente narrado en la anécdota anterior, empecé a andar a fondo, bastante fuera del límite, medio "regalado" según la jerga del ambiente, para tratar de recuperar el tiempo perdido. Todo iba bien, hasta que pasamos una loma de burro a fondo, cuando aterrizamos sobre el camino el carter golpeó tan fuerte que se fisuró y entró a perder aceite, enseguida evalué que por más que llevábamos un depósito suplementario no nos iba a alcanzar.

Entonces paramos en la estación de servicio de un pueblo para cargar dos latas de aceite. Beto se bajó y le dijo al dueño que por favor, urgente, nos diera dos, porque no podíamos perder tiempo. Le contestó que no había problema, siempre y cuando se las pagáramos, como no llevábamos plata, Beto usó todo su ingenio, diciéndole si no le daba vergüenza no fiarnos el aceite, después de todo el sacrificio que estábamos haciendo.

Como a esa altura ya el público nos rodeaba aprovechó para dramatizar más el tema. Supongo que un poco por la presión de la gente y otro poco por lástima, el tipo se apiadó y, aunque de mala gana, se las entregó ante el aplauso del público. Partimos lo más rápido posible, primero porque estábamos en carrera y segundo por miedo a que se arrepintiera.

Estas situaciones ocurrían en este tipo de carreras, mucho más a menudo de lo que se puede suponer. Había que resolverlas en el momento y con mucho ingenio, porque no estaban en los cálculos de nadie antes de largar.

Lo cierto es que imprevistos como los narrados formaron parte del folklore de aquel Turismo de Carretera que durante mucho tiempo recorrió los caminos de nuestra patria.

XXXVI

Un rally para la nostalgia.

Cuando el Club de Autos Antiguos de Rafaela me invitó a participar del Rally de Autos Antiguos, organizado en el año…..., mi primera reacción fue de sorpresa, porque si bien mi vida ha estado y está íntimamente ligada al automovilismo, fue el rally una especialidad en la que nunca participé. A la sorpresa inicial le siguió una enorme alegría al saber que el coche con el que iba a correr era una cupé Torino, auto que me acompañó bastante en mi trayectoria deportiva y por el que siento un enorme cariño. A esa noticia se agregó el hecho de enterarme que se había invitado a Héctor Luis Gradassi para que compartiera la tripulación conmigo.

A esa altura, la alegría ya era gozo: el auto de mis amores y mi ex compañero de equipo, un pilotazo, dueño de una campaña excepcional en TC y por el que sentía el respeto que sólo inspiran los grandes.

A partir del sábado a la noche, cuando me encontré con todos los participantes, incluido "Pirín", hasta el lunes pasado el mediodía, cuando todo finalizó, las sensaciones agradables se sucedieron una tras otra. De todo lo vivido bueno es recordar algunas cosas muy interesantes.

Una es el clima de permanente camaradería que se advierte entre los participantes, funcionan como un grupo de amigos que comparten impresiones, intercambian opiniones, analizan aspectos técnicos, se cuentan anécdotas familiares, todo en un clima distentido y cordial.

Llegaron a la ciudad autos que fueron joyas del automovilismo mundial de épocas pasadas: entre otros una réplica de la Bugatti 1926, un Delagge, un Jaguar, un Morgan,

111

un Mercedes Benz, el Imperial del Sr. Platini, todos autos que en su época causaron sensación. Tuve la suerte de que el dueño de la Bugatti, Ángel Cucco, un tipazo por su cordialidad y educación, me permitiera manejarla.

Algo muy gratificante que me ocurrió fue encontrarme con el nieto de Juan Barceló, un coscoíno con quien mi padre corrió en 1940 el Gran Premio Internacional del Norte, para coches de TC que llegó hasta Perú.

Otra cosa que comprobé es que contrariamente a lo que algunos creen, no es ninguna pavada correr estos rally. Los que logran buenas actuaciones son especialistas, tienen los autos puestos con todo lo necesario, los navegantes trabajan con precisión, estudian todas las situaciones, planifican, analizan.

No es nada simple, porque desde la preparación del auto hasta los cálculos, requieren de sapiencia y concentración. Por supuesto que se puede correr como diversión, pero para ganar es necesario tener el coche en óptimas condiciones, conocer a fondo de qué se trata y saber cómo hacerlo.

Compartir este rally significó vivir dos días con un grupo de locos lindos que son fanáticos de los autos antiguos, que aman lo que hacen y lo demuestran a cada instante.

XXXVII

El cariño de la gente.

Durante la disputa del Rally de Autos Antiguos era emocionante el recibimiento de la gente en los lugares en que se realizaban las neutralizaciones. Como ejemplo les relato lo que ocurrió en San Vicente.

Después de almorzar mientras esperábamos el momento de partir nuevamente, decidimos con Gradassi llevar el Torino debajo de unos árboles, con la sana intención de descansar un rato. Descansar... un deseo irrealizable, ya que se acercaron a saludarnos y felicitarnos muchísimas personas y de tantas manifestaciones amigables rescato lo nos que expresó un señor: "-Parece mentira tener aquí a estos dos monstruos, no se puede creer". En ese momento tanto a "Pirín" como a mí nos hizo mucha gracia, pero pasados los días me puse a pensar en esa expresión y advertí el valor que tenía para esa gente poder vernos, ya que seguramente habían seguido nuestras actuaciones y poder hablar con nosotros, tocarnos, les resultaba casi increíble.

A raíz de esto deduje lo que habrá sentido la gente que vivía en pequeños pueblos perdidos de nuestra patria, en la época de los Gálvez, de Fangio, de los Emiliozzi, cuando el TC llegaba a esos lugares. Las carreras se escuchaban por radio y sin duda, los hinchas, que seguían la actuación de sus ídolos a través del relato y de los comentarios, se enfervorizaban y fabulaban episodios, situaciones, historias. Se imaginan lo que significaba para ellos tener a sus ídolos de cuerpo presente, poder verlos, tenerlos al alcance de la mano, el sueño del pibe hecho realidad. Me pregunto si no habrá sido ésta otra de las tantas razones por las que el TC prendió tan fuerte en la gente.

XXXVIII

La tristeza del adiós.

Dejé la práctica activa del automovilismo en 1985, después de ganar varias carreras en la Fórmula 4000, que era la continuación de la Mecánica Argentina Fórmula 1. En los años siguientes disputé algunas competencias con autos standard y también me senté en la butaca del acompañante, junto a Eduardo Valsagna y René Zanatta. En la década del 2000, en los días previos a las carreras solía acompañar a René, sobre todo cuando tiene que hacer alguna prueba y le interesaba conocer mi opinión. Pero de mi vida como corredor bien puede marcarse como final el año 1985.

Desde que empecé a correr en moto, con solamente quince años, hasta que me retiré, pasaron algo así como treinta y cinco años.

Mucho tiempo, en el que existieron momentos de profunda alegría, como aquel en el que gané las 500 Millas, el triunfo soñado desde siempre, en mi ciudad, con un auto de Rafaela, preparado también en Rafaela, rodeado por el afecto de mi gente, a quien le debo haberme dado su apoyo, además de demostrarme siempre su cariño y su respeto y también momentos amargos, por distintas situaciones que bien podríamos llamar normales cuando se practica un deporte de alto riesgo como el automovilismo y cuando se carece de un apoyo económico importante, como fue mi caso.

Fueron años de trabajo, de esfuerzo, de alegrías y sinsabores, pero con un saldo positivo, porque durante treinta y cinco años de mi vida pude hacer, a veces mejor, otras no tanto, lo que fue, es y será la pasión de mi vida: correr, en moto, en auto, no importa en qué, porque lo que vale es siempre correr.

Las carreras me dejaron cosas importantes que tienen que ver, fundamentalmente, con el mundo de los afectos, amigos entrañables presentes en todos los momentos, el cariño y la admiración de la gente, recuerdos imborrables que alimentan mi presente y tiñen de dulce nostalgia esos años de vividos a puro vértigo.

Cuando dejé de correr lo hice convencido de que así debía ser, sentía un desgaste como consecuencia de tantos años metido cuerpo y alma en las carreras. Pero a pesar de tener clara la decisión, tengo que reconocer que no fue fácil, resultó un tiempo en el que no la pasé bien. ¿Por qué me resultó tan difícil aceptar algo que debí haber vivido como natural, por los años que habían pasado? La respuesta es simple: porque fui, soy y seré corredor hasta el último día de mi vida.

Mi pasión está más allá del tiempo y de las posibilidades, porque si algo verdadero hay en mi vida es justamente esa pasión.

XXXIX

Un desafío por y para el recuerdo.

El 14 de setiembre de 1975, en el autódromo Oscar Cabalén, de la ciudad de Alta Gracia, (Pcia. de Córdoba) se organizó un desafío motociclístico entre corredores de distintas épocas, que no estuvieran ya en la práctica activa, la idea respondió a una decisión de la fábrica de motos Zanella y fue organizada por la gente de Córdoba con entusiasmo y responsabilidad.

Para lograr la mayor paridad posible, la fábrica dispuso treinta motos de 175 C. C., originales, sin ninguna preparación, tomando únicamente la precaución de armarlas una por una, para evitar cualquier posible error. Alcanzaron el objetivo deseado porque las máquinas desarrollaban una velocidad muy similar y aguantaron perfectamente la paliza, tremenda en algunos casos, que le propinamos durante la carrera.

Estaban presentes, especialmente invitados, los mejores treinta corredores del motociclismo argentino de distintas épocas: Benedicto y Aldo Caldarella, el primero uno de los más virtuosos que tuvo nuestro país, Juan Carlos Salatino, Miguel A. Galuzzi, Pio Giovanini, Vaifro Meo, Pochetino, Vivacua, Héctor Luis Gradassi, Rodolfo Káiser, Ruesch, Juan Ángel Diez, y muchos más que habían escrito páginas gloriosas en la historia del motociclismo. Tuve el enorme placer de ser invitado a participar.

El circuito elegido para la carrera fue el N° 2 del Cabalén y todo comenzó el día sábado con los entrenamientos, para los cuales la fábrica dispuso solamente. Por supuesto que todos preguntamos el por qué de esto, porque nos pareció poco coherente y la respuesta que recibimos fue que si daban las que tenían para correr al día siguiente, muy pocas hubieran quedado en condiciones de participar.

Cosa que podía tener alguna lógica, pero sin duda no fue lo que correspondía ni lo más adecuado. Lo cierto es que al haber únicamente seis, había que esperar turno para poder dar unas cuatro o cinco vueltas de reconocimiento al trazado. Para los que ya estaban retirados totalmente de la actividad era ciertamente problemático, porque desconocían absolutamente el trazado del Cabalén. Incluso se nos complicaba a los que seguíamos corriendo en auto y lo hacíamos habitualmente en ese autódromo, porque utilizábamos siempre el trazado N°1. Pero así se establecieron las reglas de juego y hubo que aceptarlas. Además, todos, sin excepción, teníamos tantas ganas de correr que, pasara lo que pasara, no estábamos dispuestos a perdernos la oportunidad.

Llegó el domingo, la adjudicación de las motos se realizó por sorteo, para evitar cualquier sospecha sobre alguna preferencia especial. Una vez realizado el mismo comenzó el espectáculo, que se integraba con dos series y una final.

El ganador recibiría como premio la moto con la que había corrido, más el importe en efectivo por el valor de la misma. Todos sabíamos que la carrera iba a ser a muerte porque era la primera vez que nos encontrábamos en una pista todos juntos y corriendo con motos de gran similitud, por lo que las excusas no podían ser muchas y, porque para todos, las motos constituían una verdadera pasión.

Por suerte me tocó largar en la primera serie, donde pude lograr la punta arriesgando bastante, hasta que a la salida de una curva me di una piña bastante fuerte.

No me hice nada, solamente algún raspón, pero sí se dañó la moto y tuvieron que repararía para poder participar en la final. Debido a ese percance tuve que largar en la última fila y la verdad es que el tema se me complicó porque era realmente difícil el sobrepaso por la paridad de las máquinas y porque nadie aflojaba un tranco.

Se largó la final y tuve que usar toda mi habilidad y todo mi ingenio para ganar puestos, succionándome con los que podía alcanzar en las rectas, para luego pasarlos en la parte sinuosa. Así fue transcurriendo la competencia y avancé bastante bien, hasta que cuando el comisario deportivo indicó que faltaban dos vueltas tenía delante solamente cuatro pilotos: Aldo Caldarella, Armando Vivacua, Pío Giovanini y Néstor Pochetino.

La recta principal del Cabalén la recorríamos en sentido contrario al normal, por ello el final de la misma, lugar donde las motos llegaban con mayor velocidad, era en bajada y luego teníamos que tomar una curva muy cerrada en segunda velocidad. En ese lugar aproveché la succión y los pasé a todos juntos en la zona de frenado, ante la sorpresa de los cuatro. Los había superado frenando mucho más cerca de la curva, pero después ¡tenía que doblar ¡Fue en ese momento en el que me salió del alma la esencia del fierrero, bajé la pierna izquierda, apoyé la bota en el suelo, la moto se cruzó pero alcancé a doblar con lo justo.

El método no era muy ortodoxo, sobre todo para ser utilizado en asfalto, pero logré mantener la punta, aunque todavía faltaba la última vuelta.

En ese giro final traté de andar a fondo sin cometer ningún error porque tenía a los cuatro pegados. Los venia aguantando bien, pero cuando salimos de la curva y entramos a la recta de llegada, siento que la moto pegó una quedada y me pasó Caldarella, quien me ganó por una rueda.

Yo sabía que algo raro había pasado, que no podía pasarme en la recta de esa forma. Y efectivamente fue así, porque cuando Caldarella estaba subiendo al podio, llegaron los comisarios de pista para informarle que estaba descalificado y darme ganador a mí. ¿Qué había pasado?.

Resulta que cuando estábamos llegando, se pegó a mi moto, se agarró del porta patente, pegó un tirón para atrás y así mi máquina perdió dos o tres kilómetros de velocidad que fueron suficientes para sacarme media rueda de ventaja.

Pero la maniobra fue vista por los veedores y, por ende, lo descalificaron. Fue la única situación que empañó la jornada y recuerdo ese triunfo como uno de los que más alegría me dio, porque le había ganado a los pilotos de mi época, a otros que fueron mis ídolos siempre y porque mi pasión por el motociclismo fue una de las cosas más fuertes que sentí como corredor.

Fue un triunfo que me llenó de satisfacción y que siempre guardaré en mi corazón.

XL

Alegrías y tristeza de una gran carrera.

Realizar una carrera con los autos de Indianápolis era un sueño, con mucho de utopía, que los dirigentes de Atlético de Rafaela, tanto los pioneros organizadores de las míticas 500 Millas, como los que los sucedieron, anidaron en el tiempo.

Sueño comprensible si pensamos que nuestras 500 fueron inspiradas justamente en la agotadora carrera norteamericana.

Como siempre que se ponen en juego enormes dosis de fe y sacrificio, los sueños, por más inalcanzables que parezcan, terminan por hacerse realidad. Y así ocurrió en este caso, en el que como resultado de una empresa titánica, se logró el objetivo largamente anhelado, en el que algunos escépticos solamente creyeron cuando, con asombro, vieron arribar las máquinas a Rafaela.

Todo se dio, hasta que los americanos aceptaran el desafío de salir por primera vez de su reducto para trasladarse a una pequeña comunidad del extremo sur del continente, una ciudad tranquila y apacible, amante de los fierros y.la velocidad. Trajeron autos muy modernos y otros cumplieron el compromiso, con ellos llegaron todos los componentes de ese "circo": dirigentes, mecánicos, familiares.

La ciudad recibió a los visitantes con la algarabía de una espléndida fiesta. Los norteamericanos sintieron el calor fraterno y las manos extendidas francas y generosas, en todo lugar al que concurrían. Rafaela se puso sus mejores galas y se brindó con gozo y emoción.

Todavía hoy, pasados los años, los memoriosos recuerdan con pasión esas 300 y también suelo escuchar el lamento de muchos por no haberlas presenciado y no haber visto rodar esos bólidos a más de 350 km/h en las rectas del autódromo de Atlético.

Volviendo a la carrera en sí, la gente de Indy trajo algunos autos para alquilar a pilotos argentinos y fui invitado, junto a otros corredores, para participar representando al país. Era una oportunidad fantástica para alguien que, como yo, amaba los monopostos y sentía especial predilección por el óvalo y las altas velocidades que se pueden desarrollar.

Para realizar las tratativas correspondientes me reuní con el manager de la categoría, personaje famoso de la "troupe" que se encargaba de ese aspecto, entre otras muchas cosas más. Traductor mediante, nuestra conversación con el tema del alquiler requerido, para pasar luego a aspectos técnicos. Al preguntarle que potencia tenía el motor y que combustible utilizaba el auto que me ofrecían, la respuesta a la primer cuestión fue 700 HP y a la segunda, aeronafta. Inmediatamente le dije que era imposible, ya que para tener esa potencia necesitaba utilizar alcohol metílico como carburante. Al advertir cierta inquietud en su rostro le aclaré que unos años atrás había presenciado la carrera de Indianápolis, había visitado los talleres y los boxes y había conversado con preparadores, entre ellos el mítico Colin Chapman, razón por la cual, unida a las frecuentes lecturas que realizaba sobre el automovilismo de su país, tenía bastante información técnica al respecto. Frente a mis palabras aclaró que bueno...,no tendría 700, andaría por los 500. !Pavada de diferencia ; 200 HP. ¡La conversación terminó con mi compromiso de contestar al día siguiente por sí o por no.

Debía tomar una decisión nada fácil, por un lado estaban mis tremendas ganas de correr, pero eso significaba embarcar a mis sponsors, tres empresas de Buenos Aires, en algo que, sabía de antemano, sería un gran fracaso. ¿Por qué? Muy simple, porque evidentemente el auto era obsoleto. Si bien yo no pretendía un coche súper, lo que hubiera sido incoherente, sí algo que me permitiera desempeñarme con decoro. No se trataba únicamente de darme el gusto, sino del compromiso asumido con esas empresas, que me apoyaban habitualmente. Lo conversé largamente con ellos, con la gente que me rodeaba y en la que confiaba, lo analicé acompañado y a solas. Finalmente, dejando de lado mis ansias de ver cumplido un anhelo de casi toda la vida, decidí no alquilar el auto, por respeto a los sponsors y a todos mis hinchas rafaelinos, porque en esas condiciones, no tenía sentido. El día de la carrera pude comprobar que no me había equivocado, ya que el coche, tripulado por un americano, marchaba cómodamente entre los últimos.

Viví una tremenda desilusión, la dolorosa frustración de ver escaparse la posibilidad de cumplir el sueño del pibe: correr un auto de Indy, en el óvalo de mi ciudad y frente a mi gente. Más redondo, imposible.

123

El domingo 28 de febrero de 1971, cuando escuché el grito de: " Señores, pongan en marcha los motores ", y el ruido descomunal hizo temblar el asfalto, al tiempo que rugian las tribunas, un nudo cerró mi garganta. Se esfumaba, ahora sé que definitivamente, mi ilusión, pero Rafaela vivía un momento trascendente porque los monstruos de Indy estaban haciendo historia grande en el autódromo. Vaya mi tristeza por la alegría de la ciudad y su gente.

XLI

Afortunadamente, Dios es tuerca.

El 16 de julio de 1967, en el Autódromo Oscar Alfredo Gálvez, de la Capital Federal, se disputó una fecha del Campeonato de Turismo Carretera, quizás la que los hinchas esperaban con mayor ansiedad ese año y la que a la postre resultó la más accidentada.

Antes de pasar al relato es necesario recordar dos datos que ayudarán a una mejor comprensión del mismo. El primero es que ese año se produjo el debut de los Torino en el T. C. y que ese auto, ganador ya en su debut en San Pedro (Pcia. de Buenos Aires), demostró virtudes que se irían puliendo en los meses siguientes y que provocaron un cambio de mentalidad en la categoría, que en definitiva llevó aires de renovación y marca el comienzo de una nueva era.

La magia de Berta con un motor argentino y la concepción moderna en un auto nacional, fueron los abanderados de un proceso de exigencias y provocaron el impacto que se necesitaba para ir hacia lo moderno.

Ese año bien puede definirse como un año de revolución, con autos nuevos, con caras nuevas, con nombres nuevos. El segundo dato es que la fábrica I.K.A. (Industrias Káiser Argentina) formó para su participación en el T.C. un equipo oficial conformado por tres Torinos, tripulados por Eduardo Copello, Héctor Luis Gradassi y yo, al que, con el paso de las carreras la gente y el periodismo dieron en llamar la C.G.T. sigla que respondía a la primera letra de cada uno de nuestros apellidos.

Recordado lo anterior, es momento de pasar al relato de por qué digo en el primer párrafo que si bien fue la carrera más esperada del año, sin duda también se llevó el título de la más accidentada.

Ese 16 de julio debutaron para enfrentarse con el mito imbatibilidad de los Torinos en circuitos, el prototipo Ford F100, concebido y realizado por los técnicos de Competición S.A. y el Bergantin 7 bancadas, de los hermanos Bellavigna, que conducían Atilio Viale del Carril y Andrea Vianini, respectivamente, indudablemente dos pilotazos, capaces de llevar a los autos con la solvencia necesaria.

Las fábricas, los preparadores y las hinchadas de las marcas tradicionales de la categoría, que colmaban las tribunas con la efervescencia de las barras futboleras, veían renacer sus expectativas con la presentación de los nuevos autos que se sumaban a la lucha.

El ordenamiento de largada mostraba en la primera fila a Viale, Copello, Cupeiro, Gradassi y Vianini. La primera vuelta lo mostró al Ford de Viale en la punta, acompañado por el delirio de sus fanáticos.

Pero mientras esto sucedía muy pocos prestaban atención a lo que ocurría frente a los boxes, en el sitio de la largada, allí, en el medio de la pista, inmóvil, con un problema insoluble de diferencial, se encontraba el Ford de Ampacam, apodo que correspondía a un histórico del T. C., Julio Devoto.

Desconcierto, banderas de distintos colores que se agitaban, particulares que cruzaban la pista, agentes de policía que realizaban señales sin entender ni ellos mismos que pretendían, pero que lograron la detención de los primeros autos, los del lote de punteros.

Ellos habían visto las señales de los banderilleros y de los intrusos y, por lo tanto, las acataron y se detuvieron en el punto de partida, sin saber a ciencia cierta que ocurría. Allí estuvo el error porque el grupo que venía más atrás y que no había advertido lo anormal de la situación, ya que no había visto las señales, se encontró con las vías de escape tapadas y sin tiempo ni lugar para intentar maniobra alguna.

Hubo de todo: rebajes, cambios, bloqueo de frenos, autos que pasaron por el pasto y otros, casi todos, que se asemejaban a autitos chocadores.

Chapas abolladas, rotura de tanques de nafta que perdían el combustible a borbotones, la aparición aislada de algunos extinguidores. Gestos de asombro en pilotos y público, Órdenes y contraórdenes de gente que sabía cómo actuar y de otra que no tenía ni idea, pero se metía igual. Los pilotos abandonamos los autos con la mayor celeridad posible. Marincovich, cuyo coche quedó prácticamente inutilizado, se tiró por la ventanilla de su Torino ante la vista del chorro de nafta que se escapaba del tanque. Los corredores circulábamos entre los autos a los gritos de: " ¡Nadie fume, nadie fume... Cuidado con la nafta!" ya que el combustible, en algunos lugares nos llegaba hasta los tobillos, hasta que, finalmente, los bomberos entraron en acción. En realidad, creo que, en ese momento, nadie tuvo conciencia del desastre que pudo producirse. Pudo ocurrir una tragedia, solamente un milagro impidió que no se produjera un incendio de proporciones.

Fueron muy pocos los autos que se salvaron de recibir ásperas caricias. Los más perjudicados fuimos Marincovich y yo, pero casi todos sufrieron averías, en mayor o menor medida, por ejemplo el prototipo de Ford no pudo largar nuevamente.

Después de un largo tiempo y un esforzado trabajo, la pista quedó en condiciones para que se reiniciara la competencia, en la que resultó ganador Andrea Vianini con la Garrafa, un piloto y un auto que debutaban en T. C. y se imponían a los Torinos oficiales.

Con respecto a lo ocurrido que, afortunadamente, terminó como un múltiple choque, con mucho ruido, bastante susto y gran cantidad de trabajo para los mecánicos, habría mucho que analizar y decir. Responsabilidades: muchas y variadas, las cosas no ocurrieron porque sí, ¿quién o quiénes estaban a cargo de la seguridad?· Por lo sucedido se puede asegurar que nadie, todo se dejó en manos de Dios. Muchas veces oí decir que Dios es tuerca, sinceramente, les puedo asegurar que en esta oportunidad, además de eso, desplegó todas sus estrategias y se despachó con un milagro de aquellos. Sólo así puede explicarse que hayan quedado nada más que hierros retorcidos.

XLII

Volver a empezar

El año 1969 especialmente recordado en ml carrera deportiva por los logros obtenidos, tuve la satisfacción da ganar las 500 Millas en Rafaela, y el Campeonato Argentino de la Mecánica Nacional F-1, con un auto de la Peña Rueda, agrupación también rafaelina. Era un Bravi-Tornado apodado por los tuerca como el "Nono", sobrenombre que tuvo su origen en que fue uno de los primeros autos con motor en popa de la categoría.

Como es lógico suponer estaba quedando retrasado técnicamente en relación a los nuevos que aparecían en la categoría y yo advertía que debía cambiar urgente para no perder competitividad. Con esa idea en ml mente, empecé a proyectar la actividad para el año siguiente.

Mientras tanto, como estaba muy relacionado con Berta pude seguir y a la vez apreciar, la construcción del primer Fórmula 1, íntegramente realizado en Alta Gracia, a diferencia del Cooper-Tornado, que era un chasis importado, al que se le había adaptado el motor Tornado.

Cuando lo vi terminado quedé impactado, era el formula más lindo que había visto en mi vida, con líneas realmente armoniosas y, además, lo importante era que estaba construido siguiendo los conceptos de avanzada que imperaban en el mundo del automovilismo en ese momento. Hablé con Berta para comprarlo, me dio un plazo para la entrega y me informó el precio, incluso medio la posibilidad de que una parte pudiera saldarla en cuotas, por lo que cerré el trato casi inmediatamente.

En esa época prácticamente no había autos buenos para comprar, fabricarlo era la única forma de tener uno competitivo, para lo cual se requería tener un taller equipado con todo lo necesario y un grupo de gente muy capacitadas, cosas que hoy al igual que ayer no son nada simple de concretar.

A partir del momento en que cerré el negocio con Berta, comencé el arduo trabajo de presentarle el proyecto a los "sponsors" que ya tenía y a todos los que consideré posibles, quienes, en su mayoría, en mayor o en menor medida, me apoyaron y así pude cumplir mi objetivo. Dicho así, parece que juntar el capital fue algo simple y sencillo, pero les puedo asegurar que resultó una tarea dura y agotadora. Si no aflojé fue porque mi pasión por los autos y las carreras siempre pudo más que todo.

Lograr este sueño se debió a eso y a la consideración de Oreste, por las excelentes condiciones de venta.

El primer paso importante lo había dado, a partir de ahí empezaba otro también muy complicado porque como el auto era un diseño nuevo, que nunca se había probado, había que desarrollarlo. Contaba con la ayuda de Berta, por lo que el objetivo de que anduviera bien y fuera confiable no había dudas de que se iba a lograr.

El proceso fue lento, por la sencilla razón de que la compra del auto había insumido una respetable cantidad del presupuesto del año. Lo que quedó no alcanzaba para realizar todas las pruebas necesarias, por lo que gran parte del desarrollo lo fui haciendo en las carreras. El coche doblaba muy bien, lo que le faltaba era confiabilidad, paré en muchas carreras por tonterías y todo era producto de los mismo, de la falta de presupuesto.

Con mucho esfuerzo logramos que fuera cada vez mejor, hasta que pude ganar una carrera en Las Rosas. Pero, indudablemente, el año venia mal, ¿por qué digo esto? nada más ni nada menos que porque la siguiente carrera con ese auto también fue la última. Ocurrió en el autódromo de Paraná, lugar donde se disputaba la competencia.

Estaba girando para clasificar cuando se produjo el accidente, llegaba a la zona de frenaje de la curva anterior a la recta principal cuando se trabaron los carburadores y el motor quedó acelerado a fondo, apreté el freno, pero no existía, literalmente había desaparecido.

El auto se desvió de la recta hacia el centro de la curva, pegó de frente contra el guarda-raid y salió hacia fuera de la pista, con el agravante de que en ese lugar, debido al peralte de la curva tenía unos dos metros de altura con relación al terreno circundante. Por esas cosas del destino, logré salir ileso del tremendo golpe, solamente algunos moretones y un corte en la boca, debajo del labio inferior provocado por el casco, pero el auto se destruyó totalmente, lo tuvimos que tirar, ya que no había nada rescatable. En un segundo se había diluido todo el esfuerzo realizado y las ilusiones de tener el mejor auto, tuve que empezar nuevamente de cero, así de rápido y de simple.

Este tipo de situaciones solamente se pueden asimilar si uno tiene claro de antemano que esas cosas suceden en las carreras y hay que aceptarlas cuando llegan, de esta manera la pasión y las ganas hacen el resto y se vuelve a empezar. Esto no tiene tantas vueltas, el piloto que no esté dispuesto a pasar estos momentos difíciles en su trayectoria deportiva, mejor que se dedique a otra actividad.

F-1
en Las Rosas

El Berta-Ternengo del rebeldía Jorge Ternengo funcionó, al menos en la recta final, sin ningún problema, y le permitió alcanzar una victoria más realífera.

VOLVIO TERNENGO

Volvió al triunfo en la categoría que, seguramente, mienta con sus más estrellas preferencias. Cierto supervehí inconsecuencias se su verla —completó ampliamente uno de los dos giros—, pero actuando con absoluta solvencia en la final. Pasó al frente en el corema giro, asegurando al tanto su dominio, y desde allí es más fue sentando diferencia, en relación al lote que lo precedía. Un triunfo que volvía al final en sus cuando y que reencuentro al rebelde con la corona de laureles. Una forma de reencuentro con la victoria justamente en su actividad que le resulte más querida.

LA CARRERA

Una series y una final fue el programa previsto por el Departamento Automovilístico de Las Rosas para la inauguración de su circuito pavimentado. En la primera de las series, Cupeiro salió como dueño que lleve el diablo, despegándose rápidamente del resto. Eso duró una vuelta: el "galingo" fue a estrellar contra el guardarraíl sus antes de triunfo, de allí en más la cosa quedó a disposición de Carlos Regioi, que llevó al Ri-o-Cominder a la victoria. El segundo puesto lo definieron casi sobre la línea, Rocchi y Carolus, prevaleciendo el volante uruguayo.

En la segunda serie, el triunfo correspondió al Jerski, Víctor Hugo Pío, seguido por Emilio Maneschi, Rancho, Favre y Carolus Ternengo que presentaba el dueño es sub crecido por Alfredo Pico, con mecánica Falcon.

A todo esto, Jorge Cupeiro había logrado reparar el auto de los deterioros sufridos en la pista de la primera serie y estaba listo para participar en la competencia final sobre 30 giros. Tendrá, culara en la línea de partida, el Berta-Ternengo de Ternengo que se había visto obligado a abandonar en la primera serie, y que a la postre sería ganador de la final.

Nuevamente, Cupeiro, a favor de una máquina realmente veloz, salió a buscar las vueltas. Fue sstirando diferencias en forma realmente notable, hasta que en el giro onceno otro un nuevo triunfo (igual agonico anterior, Zenglor) dejó al ganador de las 500 Millas fuera de carrera. Rancho tomó entonces la posta, pero por poco tiempo. Ternengo venía con todo, sus grandes iniciar de triunfo, y se adueñó de la vanguardia unas vueltas más adelante. De allí en más fue sstirando diferencias hasta completar un triunfo realmente destructor. Maneschi y Pismo definieron, en ese orden, el segundo puesto por escasas décimas de segundo.

Certeciar, una carrera que agradó al numeroso público que se dio cita en Las Rosas, un gran triunfo de Ternengo: insólito triunfo de Cupeiro y la lamentada ausencia de Luis Di Palma.

LA CLASIFICACION

1º Jorge Ternengo 23h06m1:41
2º Emilio Maneschi 23h06m1:45
3º Héctor Pismo 23h06m1:51
4º Oscar Almeida 5m20m:45
Promedio del ganador: 129,360 Km/h

El "Negro" Ternengo volvió al triunfo y en la categoría que por sus sensibilidad le resulta más grata: la F-1.

XLIII

Una idea descabellada.

Una de mis ideas recurrentes es señalar que el mejor momento de la Mecánica Nacional Fórmula 1 se produjo entre los años 1970 y 1975, aproximadamente. Era tal la actividad que se desarrollaba en esa época, que los pilotos vimos la necesidad de organizamos en una asociación que tuviera como objetivos fundamentales analizar los pedidos de los clubes que pretendían organizar carreras, teniendo en cuenta las condiciones requeridas para la realización de las mismas, el ordenamiento del calendario y además manejar todo lo referido a la categoría, lo que en realidad significaba un trabajo problemático y complejo, tal cual quedó demostrado con el tiempo.

Elegimos y designamos como secretario de dicha asociación a un personaje singular, oriundo de la ciudad de Las Rosas (Pcia. de Santa Fe), Huber Maccari, hincha fanático desde la niñez de Alfredo Pián, vecino de la misma población y una gloria de los monopostos en el país.

Todos sabemos que las relaciones humanas tienen sus bemoles y que ponerse de acuerdo entre las personas de un grupo, para colmo numeroso, es bastante complicado. Pero, además, sal practican algo individualista, como es el automovilismo, que requiere una buena dosis de autoestima y, como si todo eso no fuera suficiente, también algunas de ellas han adquirido renombre por su trayectoria deportiva, es válido decir que la tarea es muy difícil. Bueno, era tarea del secretario tratar de armonizar las ideas, las opiniones, los deseos y algunas otras cosas más de los pilotos que formaban la asociación. Visto a la distancia, más que una tarea era un suplicio.

Maccari y yo manteníamos una relación cordial y fluida, debo reconocer que siempre escuchaba mis inquietudes e ideas, principalmente todo lo relacionado con nuevas experiencias para la categoría. Esto viene a colación por lo que voy a continuación.

En el tiempo en que transcurrieron estos hechos yo volvía en Alta Gracia y en ese lugar tenía el taller de competición, en el cual atendía el T. C. y el F-1. Había carrera de Mecánica Argentina de F. 1, en el autódromo de Rio Cuarto y como es lógico suponer, teníamos que trasladarnos a esa ciudad, lo que significaba recorrer un trayecto en buena parte por las sierras, pasando por Dique Los Molinos, lugar muy pintoresco y muy conocido por todos. Hasta aquí todo normal, pero lo inusual fue que, como tenía que asentar el motor, decidí irme con el monoposto en marcha. Cada tantos kilómetros, no recuerdo cuántos, paraba al costado del camino, siempre en la parte más alta de una subida, lo revisaba lo ponía en punto muerto y lo largaba en la bajada para que arrancara solo, me divertía como un chico. Otra cosa que me causaba muchísima gracia era la cara de sorpresa de los automovilistas que transitaban por la ruta, la verdad que en algunos casos demostraban bastante susto, hasta no faltó el que me gritó algunos insultos. Lo más divertido se produjo cuando pasé por el puente en el dique, lugar en el que había mucha gente pescando desde el paredón, para armar mas batifondo le pegué unas aceleradas, cosa que el ruido, de por sí fuerte, se potenciara. Gritos varios, algunas corridas, varios saludos para mi mamá y todos mis parientes, un repertorio variado. Claro, ¿quién se podría imaginar ver pasar por la ruta un monoposto de carrera en marcha, a una velocidad bastante mayor que un auto de calle? Por supuesto que nadie. La cuestión es que cuando llegué a Rio Cuarto el motor estaba asentado.

Cuando le comenté a Maccari de este viaje, me preguntó si creía posible organizar una carrera de F-1 por ese camino. Le contesté que, adoptando las medidas de seguridad necesarias, podría ser. En defensa de mi respuesta solamente voy a decir que nunca me creí un tipo completamente normal.

La cosa fue que nuestro secretario, sin consultarlo con nadie, llevó la inquietud a la Comisión Deportiva del Automóvil Club Argentino, cuyos integrantes tenían que aprobar el escenario. Cuando la expuso le contestaron directamente que estaba loco, que era imposible, que el lugar era demasiado peligroso. No cabe duda que tenían razón.

Pero resulta que para Maccari debe haber sido una frustración que le rechazaran el proyecto y, además, parece que la idea de un circuito callejero no lo abandonó, ya que al tiempo logró organizar una carrera en la ciudad de Las Rosas, en un escenario formado por algunas calles y parte de la Ruta 13, cuyas características y desarrollo fueron motivo de anterior relato.

XLIV

Un amigo del automovilismo para caminar la vida·

El automovilismo, por sus características no parece tener mucho que ver con el mundo de los afectos, pero, en realidad, esto no es así; por el contrario, tiene mucho que ver, quizás por esa conjunción de vértigo y pasión que genera una fuerte dosis de adrenalina y que requiere del acompañamiento, y a veces la contención, que sólo pueden brindar el cariño y la amistad. En lo que a mí respecta los afectos siempre estuvieron ligados a la actividad tanto por la presencia de la familia como la de los amigos y si de automovilismo y amistad se habla no puedo dejar de mencionar a varios. Voy a empezar por un ser entrañable, a quien conocí cuando ingresé al Turismo Carretera y que con el tiempo se convirtió en un inefable amigo de la vida. Me estoy refiriendo a Juan Luis Buela, un uruguayo de nacimiento, pero con mucho de argentino por su larga permanencia en el país.

A partir del año 1967, en que por una publicidad que me esponsoreaba nos conocimos, nuestra relación fue creciendo y afianzándose y a pesar de que desde hace años vivimos a cientos de kilómetros de distancia, nuestra relación sigue siendo la misma, una amistad que sabe de confidencias, de apoyos, de consejos, de compartir alegrías y tristezas, según las vaya deparando la vida.

Juan Luis Buela es un gran tipo, dotado de un particular carisma y con un profundo sentido de la amistad, sentimiento con el que nos honramos cada día de nuestras vidas.

XLV

Juan Luis Buela y un recuerdo compartido.

De los largos años compartidos con Juan Luis en las carreras siempre recuerdo dos episodios, que en su momento me asombraron y, sobre todo el segundo, me hicieron reír mucho. Ambos ocurrieron en un viaje para presenciar las 500 Millas de Indianápolis, que me regaló la empresa aérea Braniff, cuya publicidad llevaba en el auto de T. C., con el agregado de la visita a distintas ciudades del país del norte, y cuyo guía era Juan Luis. Aquí va el relato del primero.

Ni bien me enteré de que iba a ir a la mítica carrera, con un tiempo prudencial, mandé una carta a la organización de la prueba, con toda la documentación necesaria para requerir la acreditación como fotógrafo enviado por la Revista Rugir de Motores, de la ciudad de Santa Fe. Por lo tanto, el día que arribamos a Indianápolis, luego de dejar el equipaje en el hotel, le pedí a Juan, que tiene un perfecto dominio del idioma inglés, que me acompañara para averiguar si se había accedido a mi solicitud de acreditación y, en caso afirmativo, retirar lo que correspondiera. Así, llegamos al autódromo y nos dirigimos a la administración, en la que una señora mayor me atendió, revisó la documentación identificadora que le entregué e inmediatamente abrió un cajón, ubicó la letra T y extrajo un sobre con la acreditación ya lista: oblea, remera, gorro, etc., todo identificado con el número 99, que permitía libre circulación por todo el circuito, boxes, calle de boxes, y me lo entregó, previa firma de un certificado en el cual me hacía responsable de cualquier accidente que pudiera ocurrirme durante el desempeño de mi actividad.

Juan observó lo que ocurría e inmediatamente me dijo que mientras yo iba a estar en el centro de la acción él tendría que ver la carrera desde la tribuna para terminar con "esto no me convence, voy a ver si consigo una acreditación como la tuya ".

De inmediato se acercó al escritorio de la señora y comenzó a hablarle en inglés, con mucha calma y educación. Por supuesto, yo no entendía nada, lo único que veía era que ella lo oía atentamente y varias veces movía su cabeza con un gesto negativo, hasta que le hizo señas de que esperara, se levantó y se dirigió a una habitación contigua. Ansioso le pregunté con qué argumentos justificaba el pedido, me hizo señas que me callara. Al rato volvió la secretaria con un sobre igual al mío, completó los requisitos, se saludaron y nos fuimos.

¿Saben con qué argumento consiguió la acreditación? Le dijo que yo necesitaba que él me acompañara para ayudarme a cargar con el equipo fotográfico porque dado mi físico delgado solo no podía hacerlo, necesitaba su colaboración. Alrededor de esa idea, casi infantil, armó un discurso tan convincente, que le permitió lograr su objetivo. Pavada de estrategias discursivas manejaba mi amigo.

XLVI

Segunda anécdota.

La otra digna de contar ocurrió el día de la carrera.

Antes del comienzo de la competencia desfilan por el circuito una gran cantidad de bandas que ocupan casi la totalidad de su extensión, precedidas por un bastonero que dirige la marcha.

Cuando este avanzaba frente a la tribuna principal, Juan se colocó en el medio de la pista y con un gesto le ordenó que detuviera su marcha, lo que el bastonero hizo de inmediato, acción que fue imitada por todos los que lo seguían. Simplemente se detuvo todo el desfile. Entonces él se colocó en la mitad de la pista , se agachó y con una máquina fotográfica de quince o veinte centímetros más o menos, le sacó varias fotos, se levantó, se corrió al costado y le indicó que podía continuar.

Si, tal cual lo está pensando, un personaje increíble. Anécdotas aparte, de Juan Luis puedo agregar que es un gran tipo, un hermano de la vida. Está todo dicho.

XLVII

El Negro Thiery, un amigo del automovilismo para la vida.

En 1967, año de mi debut en el Turismo Carretera, conocí a otro de los amigos que la vida en el automovilismo me regaló: Carlos Marcelo Thiery, periodista de raza, amante de las carreras y del fútbol, hincha fervoroso de Chacarita, amigo incondicional, tipo calentón como pocos, pero capaz de tener gestos de enorme ternura, al que el corazón le jugó una mala pasada cuando todavía tenía muchas cosas para hacer en este mundo.

Ese año el Negro empezaba a trabajar en la Revista El Gráfico y nos conocimos en la carrera en la que se inauguró el Autódromo El Zonda, de San Juan, y de a poco comenzamos a tejer una amistad que se extendió a nuestras familias y que, con los años, lo convirtió en el padrino de mi hija con quien mantuvo una relación de cariño muy especial, que traspuso los límites físicos de la vida.

Recordar al Negro es rememorar a un tipo apasionado, buen amigo, excelente periodista, áspero para la discusión, pero tierno y cálido con sus afectos. Releer sus notas periodísticas significa encontrarse con un discurso de primera línea, por momentos admirable.

Negro, remontar tu ausencia física resultó un trago doloroso, para vos todo mi cariño en este recuerdo.

XLVIII

Un mecánico de lujo.

Cuando se empieza a correr, sea en moto, en auto o en karting, no importa en qué, una de las cosas realmente importantes es tener un buen mecánico o preparador, de manera tal que el vehículo se comporte bien y se pare lo menos posible, porque es la época de hacer experiencia y ésta se hace andando.

No importa tanto que sea el mejor fierro, sino que sea confiable y le permita al piloto competir con continuidad, para poder aprender y adquirir confianza y solvencia con el medio mecánico y en las carreras.

Yo puedo decir que en este aspecto fui un afortunado, porque tanto en mis comienzos en el motociclismo como en el automovilismo, tuve a mi lado, como preparador, a un mecánico de primera, a un verdadero artesano, trabajador, prolijo, meticuloso, con experiencia, a un hombre de pocas palabras pero muy capaz, me refiero a Rogelio Vittori.

Trabajó años con mi padre y estuvo a mi lado mucho tiempo, sin duda que su acompañamiento fue una de las cosas positivas que tuve y que me permitió lograr algunos de los objetivos deseados. Para Rogelio un enorme agradecimiento y el más cálido de los recuerdos para siempre.

XLIX

Orlando Rojas: un amigo inolvidable

Orlando Rojas fue durante años el mecánico de las motos que corría y con el tiempo estuvo a mi lado como preparador del Fórmula 1, pero además de eso y principalmente fue mi amigo. Recordarlo es pensar en alguien de pocas palabras, introvertido, excelente hijo y mejor compañero. Capaz, inteligente, incansable en su trabajo, en su momento uno de los mejores preparadores de motores de dos tiempos del país y uno de los mejores tipos que conocí en mi vida. Me costó acostumbrarme a que, todavía joven, se había ido para siempre.

Con la profunda nostalgia que me produce su ausencia, simplemente quiero decirle gracias por todo lo que me brindó y por haber estado a mi lado, sin claudicar en las buenas y en las malas. Flaco, hoy como ayer, todo mi respeto y mi cariño.

L

Oreste Berta, la admiración junto al agradecimiento

Hablar de Oreste Berta es referirse a alguien cuyas realizaciones llevadas a cabo través de una extensa trayectoria, tienen una significatividad tal que, en mayor o en menor medida, han sido determinantes en la historia del automovilismo argentino.

Oreste Berta es una conjunción de talento, creatividad, sapiencia, capacidad de trabajo, tenacidad y orgullo. Es un ser dotado de un especial talento, el que se acompaña con una importante dosis de creatividad y para hacer el cóctel realmente explosivo, falta solamente destacar la notable sapiencia que ha adquirido con los años. Si bien en lo que respecta a lo primero podemos hablar de algo innato y en cuanto a lo segundo puede considerarse la resultante de poner en práctica el talento, resulta innegable que los saberes que posee son productos de su esfuerzo, de su tenacidad, de las horas dedicadas al estudio y a la investigación, porque el conocimiento, como bien es sabido, no viene regalado, es fruto de una fuerte convicción personal puesta al servicio de objetivos claros y precisos.

Oreste Berta es un ser dotado de una, casi diría excepcional, capacidad de trabajo. Quizás no ahora, cuando ya ha cruzado la barrera de los sesenta, pero en tempos pasados era un tipo capaz de trabajar días y días, con sus noches Incluidas, sin aflojar el ritmo y manteniendo intacta la lucidez y el poder de análisis frente a la toma de decisiones complicadas.

Oreste Berta alberga una importante dosis de orgullo y además, el orgullo es en él, un tremendo motivador. Nunca frente a una derrota se ha quedado inmóvil, siempre ha reaccionado de la mejor manera, poniendo todo su talento, su creatividad y sus conocimientos al servicio del trabajo consciente y responsable para, más temprano o más tarde, recuperar el primer lugar.

No amenaza ni pierde su tiempo en discusiones estériles, crea y hace en el mejor nivel, un privilegio que muy pocos pueden darse. Reiteradamente se lo nombró como el "mago de Alta Gracia", pero la verdad que esta designación es esencialmente metafórica, porque su valiosa trayectoria no es el resultado de ninguna magia, sino la conjunción ideal del talento, la creatividad, la sapiencia, la tenacidad y el trabajo inquebrantables puestos al servicio de una pasión.

Oreste Berta es la persona que me abrió las puertas del Turismo Carretera, que es lo mismo que decir las puertas del automovilismo grande en la Argentina. Cuando I.K.A. (Industrias Káiser Argentina) formó su equipo de competición, en el año1967, él estaba a cargo del mismo y fue su responsabilidad elegir a los tres pilotos para integrarlo. Copello hacía tiempo que corría el Gordini que él preparaba, Gradassi era piloto de Turismo y ganador en la categoría, ambos eran conocidos a nivel nacional. Yo corría hacía poco en Mecánica Nacional F-1 y podríamos decir que a nivel país me conocían por la moto, pero no por el automovilismo y él pensó en mí y me eligió.

Es bueno pensar que estamos hablando de un equipo de fábrica, que se perfilaba como poderoso, y que varios de los pilotos de primera línea del T.C., ganadores y famosos, hubieran pagado para estar.

Por eso, por haberme dado una oportunidad única en mi vida, algo que solo me hubiera sido muy difícil lograr, por haberme apoyado muchas veces en mi carrera deportiva, por haberme tendido una mano cuando lo necesité, **el agradecimiento para Oreste Berta es eterno.**

FIN

Jorge "nene" Ternengo

Jorge Juan Ternengo, el Nene, nació el 26/11/1935, en Cosquín en la provincia de Córdoba. A los 6 años se trasladó, junto a su familia, a Rafaela en la provincia de Santa Fe.

El inicio de su actividad en el deporte motor fue a los quince años y por algo más de cuatro décadas, se dedicó a correr con un fervor y una pasión incontenibles.

Primero fue en el motociclismo en todas sus categorías, luego en autos de Mecánica Nacional con motor delantero y después en la Formula 1 con monopostos de motor trasero.

La Mecánica Nacional fue una categoría por la que sintió una especial predilección y la que se consagró Campeón Argentino en el año 1969.

También incursionó en la categoría más popular del país, el Turismo Carretera, integrando el famoso trío conocido como CGT, con Copello y Gradassi piloteando los TORINOS dirigidos por el mago de Alta Gracia, Oreste Berta, en el año 1967.

En 1968 comenzó a correr en la flamante categoría Spor-Prototipo, unas de las categorías más avanzadas técnicamente del país, incursionando esporádicamente en Turismo Nacional.

Fuera del país intervino en Brasil, Chile y Uruguay en importantes competencias Internacionales.

A partir de su retiro como piloto, continuó ligado al deporte motor en la actividad de periodismo gráfico y radial.

Alguien definió a Jorge Ternengo como un apasionado por las carreras y sin duda, ésta ha sido lo que caracterizó su forma de disfrutar de la vida.

La publicación del e-book "ANEDOCTARIO TUERCA" le permite cumplir con un sueño que lo acompañó durante muchos años.

----

https://www.facebook.com/jorge.ternengo

j_ternengo@yahoo.com.ar

Otros títulos del Editor:

© 2014 M.A.M. Editorial
© 2014 Miguel A. Morra
miguel.morra@gmail.com

El e-book……

Un excelente obsequio para cualquier ocasión y un espectacular auto regalo para disfrutar! Muy cómodo para enviarlo y utilizarlo!

---- - :-)

Nacar.... La vida en capas. Por Perla Soledad Farías, (Rafaela. Argentina)

---- - :-)

Rouge... Reflejos de amor. Por Any Castellano. (Rafaela. Argentina)

---- - :-)

Arréglate como puedas. . . . Crónica de una autobiografía no autorizada. Por Graciela Brunetti. (Rio de Janeiro. Brasil)

---- - :-)

Hasta aquí llegaste. . . . . Cartas abiertas a una abogada exitosa. Por Graciela Brunetti. (Rio de Janeiro. Brasil)

---- - :-)

Amazon: Buscar M.A.M+Editorial

La dirección adecuada.

Printed in Great Britain
by Amazon

52243087R00088